中国古瓷鉴定笔记

色釉篇

SEYOUPIAN

姚江波/著

江西美术出版社
全国百佳出版单位

广西高校人文社会科学重点研究基地——西江流域民间文献研究中心资助项目

图书在版编目（CIP）数据

中国古瓷鉴定笔记·色釉篇 / 姚江波著. —南昌：江西美术出版社，2019.1
ISBN 978-7-5480-6383-4

Ⅰ. ①中… Ⅱ. ①姚… Ⅲ. ①瓷器(考古)—鉴定—中国 Ⅳ. ①K876.34

中国版本图书馆CIP数据核字(2018)第224679号

出 品 人：周建森
责任编辑：王洪波　窦明月　滕斯钰
责任印制：谭　勋
装帧设计：梅家强　先鋒設計 PIONEER DESIGN

书　　名：中国古瓷鉴定笔记·色釉篇
著　　者：姚江波
出　　版：江西美术出版社
社　　址：南昌市子安路66号　邮编：330025
电　　话：0791-86565819
网　　址：www.jxfinearts.com
经　　销：新华书店
印　　刷：浙江海虹彩色印务有限公司
版　　次：2019年1月第1版
印　　次：2019年1月第1次印刷
开　　本：787×1092　1/16
印　　张：11
书　　号：ISBN 978-7-5480-6383-4
定　　价：68.00元

目录

Contents

本书使用方法

本书以直述鉴定要点为主，文字简练，兼顾学术性、常识性、趣味性，过于专业、不可操作、与收藏者无关的内容已回避，读熟之后，可与您收藏的彩釉瓷器进行对比：如，对应珍珠地在色彩上的异同，以及划花的装饰手法，看您的宝贝是否属于精致瓷器的范畴；观察纹饰的题材，以准确判定时代。对比彩釉瓷器的造型，着重看各个章节中有关彩釉器皿在造型上的实例，其造型多被限定在一定的范围之内，如瓶和枕等多见，之后再从细部入手，如对口部、唇部、沿部、腹部、底部、足部等特征，进行详细的解析，以从造型上达到鉴赏的目的。像这样的例子在本书中枚不胜举，纹饰、釉色、尺寸、化妆土、完残、窑口、原料、淘洗、粗细程度、杂质、夹砂胎等鉴定要点，交相辉映，互为依托，最终实现了诸多鉴定要点相互验证的目的。

另外本书具有以下三个特点：

一、本书的编写原则是：具体而细微地指导收藏爱好者由一件瓷器的细部（釉色、流釉、均匀、稀稠等）去鉴别古瓷器之真假、评估古瓷器之价值，力求做到使藏友读后由外行变成内行。

强调：实战性　指导性　工具性　学术性

体现：实用价值

二、本书从文物鉴定的角度出发，以科学考古发掘所出土的器物为依据，力求每一句话都以出土器物为佐证，将文物置于时代和社会历史大背景下来考虑，以确保本书的科学性、严谨性和可读性。

三、本书的写法分三步走：

①断定时代

②辨别真伪

③评判价值

这是收藏的三要素，缺一不可，整本书以此为线索，贯穿于每个章节，如，将价值划分为研究价值、艺术价值、经济价值，并详细介绍这三种价值之间的辨证关系，使读者真正领悟收藏，从收藏中受益。

本书的主要目的，是要通过瓷器釉质主要特征看到瓷器的全貌，从而使收藏者真正得到帮助。功能十分具体，收藏者在逛市场和到拍卖行时可以拿此书对比，这是新手和资深鉴赏家都很需要购买的书。（书中多数珍品为首次发表）

前言

QIANYAN

中国古代色釉瓷器异彩纷呈，青瓷、黑瓷、白瓷、黄釉、红釉、蓝釉、孔雀绿釉、冬青、仿哥釉、仿汝釉、黄釉、矾红釉、茄皮紫釉、郎窑红、豇豆红、天蓝、洒蓝、豆青、粉青、仿官、仿哥、仿汝、仿钧、乌金釉、霁红、霁蓝、黄釉、绿釉、胭脂水、茶叶末釉、珊瑚红、炉钧、仿竹器、仿木器、仿漆器、仿铜器、仿石器、仿玉器等犹如灿烂星河，星光璀璨，精美绝伦，色釉瓷是中国古代瓷器给予人类最美的礼物。色釉瓷器的发展历经了漫长的岁月长河，具有鲜明的时代特征，不同时代有着各异的色釉瓷器，是一个由少到多，由弱到强的过程，在瓷器刚刚产生的东汉六朝时期青瓷独尊，黑瓷为辅助，其他瓷器基本还没有产生。隋唐五代时期经过酝酿，瓷器色釉品种逐渐增多，邢窑烧造将白瓷的烧造推向巅峰状态；寿州窑将黄釉瓷器烧造成功；巩县窑烧制出了著名的三彩釉；唐长沙窑的釉下褐彩中略微有些微带红色，这是在瓷器之上第一次见到红色；另外，还出现了花釉、绞胎等色釉瓷器，可以说隋唐五代瓷器在色釉瓷器上取得了巨大的成功，特别是白瓷烧造成功为后来色釉瓷器的烧造奠定了坚实的基础。宋元时期色釉瓷器继续发展，品种不断增多，出现了官哥汝定钧五大名窑，烧造水平达到了巅峰状态。在元代还奇迹般地将红釉、蓝釉等瓷器烧造成功。由宋元时期色釉瓷器的发展速度来看明显加快，不过，宋元瓷器还不是色釉瓷器发展的最顶峰，只是为进一步大繁缛打下了坚实的基础。经过漫长的酝酿过程，色釉瓷器终于在明清时期进入鼎盛期，色釉品种急剧增加，多数瓷器在精致程度上非常之高，达到历史之最，多由官窑烧造，民窑为辅，技术相互融通，但从数量上看官窑器稀少，民窑器丰富，从温度上可以分为高温和低温釉两种。明代高温色釉瓷器常见的主要有白釉、铜红釉、钴蓝釉、冬青、仿哥釉、仿汝釉；明代低温色釉瓷器常见的主要有黄釉、孔雀绿釉、矾红釉、茄皮紫釉；清代高温色釉瓷器常见的主要有郎窑红、豇豆红、天蓝、洒蓝、豆青、冬青、粉青、仿官、仿哥、仿汝、仿钧、乌金、霁红、霁蓝；清代低温色釉瓷器常见的主要有黄釉、绿釉、胭脂水、茶叶末釉、珊瑚红、炉钧、仿竹器、仿木器、仿漆器、仿铜器、仿石器、仿玉器。可见人们对于颜色釉瓷器的探索从未停止过，是一个由低级向高级发展的过程，早期色彩较为单调，晚期则呈现出万般釉色，犹如星光璀璨，映红了天空。明清色釉瓷器的繁荣可谓集历史之大成。

色釉瓷在漫长的古瓷器烧造史中产生了众多的器型,常见的器物造型有碗、盘、碟、壶、瓶、罐、麒麟、匜、琮、鬲、虎、猴、鸟、缸、盆、枕、盏、盂、砚、炉、铃、盒、鹅、斝、投壶、觚、鸭、埙等，可谓种类繁多，尝试了不同的烧造方法，精品力作不断涌现，犹如星河灿烂，影响十分深远，加之在历史上是宫廷和民间人们生活中最常见的日常生活用品，特别是民间色釉瓷器存世量极大。粉彩瓷器，官窑瓷器虽然数量不多，但多是精美绝伦的艺术精品，在历史上演绎着一幕幕艺术品实用的精彩片段，不过使用它们最多的还是帝王和嫔妃，如雍正皇帝非常喜欢色釉瓷器，有时会亲自过问，所以雍正时期的作品在烧造技术上可能不是最高，但是在烧造态度上绝对是历史之最，原因是这些绚丽多彩的颜色多是由工匠们用生命所铸就，在某些特定的时候如果瓷器烧造有问题，那么烧造它们的工匠可能付出生命的代价。精美绝伦的色釉瓷器承载着众多的历史信息，被收藏者所追逐；不过在暴利的驱使下,色釉瓷伪器繁多，特别是官窑色釉瓷伪器达到了相当严重的程度，可以说目前一些低端市场上的大多数都是仿品。高仿和低仿品相互交织在一起，使人们真伪难辨。本书从文物鉴定学的研究方法入手，力求将错综复杂的问题简单化，以釉质、胎质、造型等诸多特征作为切入点，来对文物进行鉴定，力求使读者看后能够断时代、辨真伪、评价值。以上是本书所要坚持的，但一种信念再强烈，也不免会有缺陷，希望不妥之处，大家给予无私的批评和帮助。

上篇

色釉瓷

第一章 综述

数量

色釉瓷是中国古代瓷器中的瑰宝，日用瓷和陈设观赏、把玩器都有见（图1-1），最主要的是日用瓷，主要以陈设观赏和把玩器为显著特征，如红釉、蓝釉、孔雀绿釉、冬青、仿哥釉、仿汝釉、黄釉、矾红釉、茄皮紫釉、郎窑红、豇豆红、天蓝、洒蓝、豆青、粉青、仿官、仿哥、仿汝、仿钧、乌金釉、霁红、霁蓝、黄釉、绿釉、胭脂水、茶叶末釉、红釉（图1-2）、炉钧、仿竹器、仿木器、仿漆器、仿铜器、仿石器、仿玉器等陈设把玩器皿在种类上明显大于青瓷、黑瓷、白瓷、黄釉等瓷器。但如果纯粹从总量上看，青瓷、黑瓷、白瓷、黄釉等瓷器远大于诸多色釉瓷器的总和，这一点我们在鉴定时应注意分辨。从件数特征上看，色釉瓷器表现比较复杂，如青瓷和红釉、珊瑚红、炉钧、黑定、仿竹器等瓷器在数量上相差几乎是天壤之别，但青、黑、白等瓷器在数量上却表现出了一定的均衡性，同时红釉、珊瑚红、炉钧、仿竹器等瓷器在数量上也表现出了一定的稳定性，总结其特点显然还是以功能为划

▲图1-1　黑瓷喇叭口瓶　宋代

▲图1-2　红釉贯耳尊　清代

▲图 1-3　青瓷盖盒　唐代

分。鉴定时应注意分辨。从窑口上看，色釉瓷器的生产具有鲜明的特征，一是时代性，色釉瓷器在时代上形成了从瓷器开始之日起到明清时期的两大阵营（图 1-3），明清时期与传统相对，在品类数量上形成了对峙的格局，由此可见，明清时期色釉瓷器在品种上的发达。二是传统诸多窑口与景德镇窑在品种上的对峙，这一点是显而易见的。而从总量上看，以青、黑等釉色为代表的传统色釉瓷要远大于明清色釉瓷。这一点从鉴定上要注意分辨。

品相

色釉瓷由于距离今天较为久远，中国古代色釉瓷在品相上参差不齐，遗存到今天的色釉瓷既有完好无损（图 1-4）、精美绝伦之器，更有残缺不全，损失严重。从色釉上看，传统的青、白、黑、黄等实用器与祭红、孔雀绿釉、仿汝釉等陈设观赏器在

▲图 1-4　完好无损青瓷碗　宋代

▲图 1-5　略有残缺红釉瓷瓶　清代

品相上区别较大，由于青、白、黑、黄等是实用器，所以残损的非常多，完整者少，品相优者更少；而祭红、孔雀绿釉、仿汝釉等陈设观赏器在品相上较好（图 1-5），其原因有两点，一是更多非实用器皿的色釉瓷器在时代特征上以明清时期为主，距离今天很近；二是在保存环境上主要是以传世品为主，所以品相优者比较多见。从功能上看，主要为陈设观赏的色釉瓷器由于精美绝伦，在当时就十分名贵，多被人们陈设于厅堂或者用于把玩，即使实用也非常小心，这也是其品相保存完好的重要原因，而以实用为主的青、白、黑等瓷器在功能上由于是纯粹的实用器，在当时数量很多，也并不是什么珍贵的器皿，使用时磕碰和打碎都是很正常的事情，多数出土器

皿在恶劣的保存环境下其品相优者不多见。总的来看，这类色釉瓷器多数完整器皿都出土于墓葬。遗址之上出现的很少，而且残损的情况比较严重，如城址内出土的大量色釉瓷器都是碎片。看来遗留到今天的色釉瓷虽多，品相优的完整器却很少（图1-6），因此品相优的色釉瓷器，保值和升值的潜力都非常大，具有很高的收藏价值。而残缺的器皿，其价值就大打折扣，特别是实用器皿的色釉瓷器，由于数量很多，所以残缺者价值很低；而一些在当时就是很珍稀的器皿，即使现在已经碎成了片状，由于其极高的研究和艺术价值，以及数量过于稀少，如郎窑红等残片的价值就非常高，近些年来色釉瓷残瓷正在逐步被人们认可，在精品和完整器皿被收藏殆尽的今天，残缺的色釉瓷正在从幕后走向台前。由此可见，在盛世收藏的今天，色釉瓷正在改变着“瓷器发毛分文不值”的传统观念。

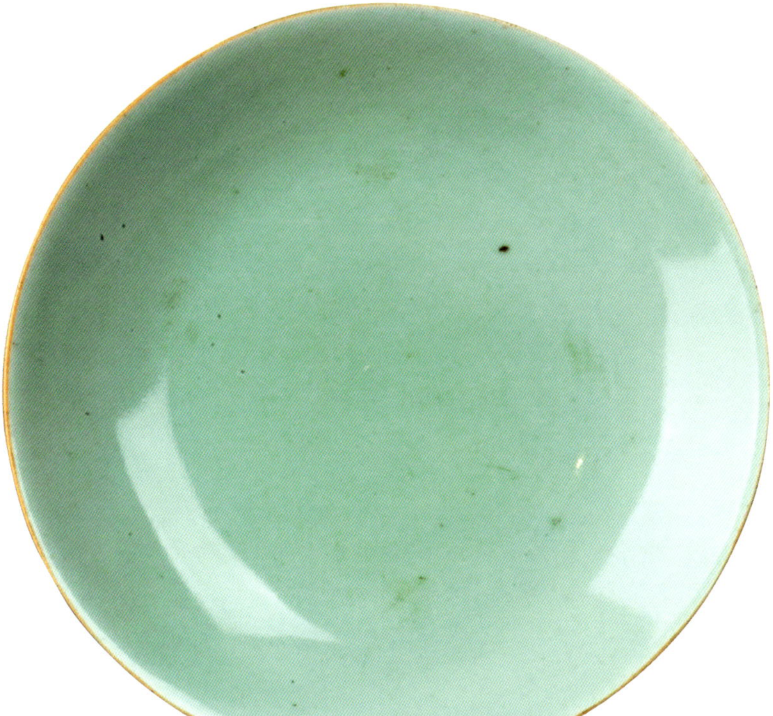

▲图 1-6　青釉瓷盘　清代

胎色

色釉瓷在胎体色彩上较为复杂，几乎历史上出现过的胎色都出现了，如白胎、橙色胎、青色、褐胎、灰黑、黑褐、黄褐、黄胎、土黄、砖红、青灰、红陶胎等，由此可见其胎色之繁杂。造成这种现象的原因很明显，就是因为色釉瓷器在种类上过于繁多，青瓷、黑瓷、白瓷、黄釉、红釉、蓝釉、孔雀绿釉、冬青、仿哥釉、仿汝釉、黄釉、矾红釉、茄皮紫釉、郎窑红等有数十上百的品种。再者以实用器功能为主的青、白、黑等色釉瓷器，由于实用器极为讲究成本，因此在选料上也是层次不一，以高岭土胎为主，其他黏土及掺和料也有见（图 1–7），这是导致色釉瓷在胎色上多样化的另一个原因。而以陈设装饰功能为主的蓝釉、孔雀绿釉、冬青、仿哥釉、仿汝釉、红釉等色釉瓷器，在胎色上则是较具均衡化特征，以白胎和灰白胎为主，其他色彩为辅助，实际上从数量上来看主要是以洁白胎体为显著特征（图 1–8），鉴定时应注意分辨。胎色在鉴定上具有重要的作用，

▲图 1–7　黏土胎孔雀绿釉瓷器标本　元代

▲图 1–8　洁白胎红釉瓷器标本　清代

从其胎色直接可以反映出色釉瓷器的精致程度，如景德镇官窑生产的精致色釉瓷在胎色上基本以洁白胎为主，在选料和淘洗等诸多方面精益求精，但一些民窑生产的胎色复杂性较高的色釉瓷器在精致程度上则与精致器皿无缘，多数为普通、甚至粗糙的器皿，总之，产生串色和偏色越严重的色彩，其精致程度越容易有问题，可见胎色成了色釉

瓷其精致程度的风向标。当然，色釉瓷胎色所反映出来并不仅仅是窑口特征，不同时代的色釉瓷在胎色上也是各不相同（图1-9），其基本表现出来的特征就是明清时期在色彩上显然尚白，以洁白胎为最好和数量最多，而明清以前色彩瓷器在胎色上则表现出严重的色彩多样化趋势，这一点在鉴定时应注意分辨。这些时代和窑口上纷繁复杂的胎色特征（图1-10），在客观上显然已经成为重要的鉴定依据，可以用来判定色釉瓷的时代、真伪、价值。本书将专门使用一个小节来对色釉瓷胎色特征进行阐述，以帮助读者打开胎色鉴定的法门。

▲图1-9 橙黄胎孔雀绿釉瓷器标本 宋代

▲图1-10 橙红胎孔雀绿釉瓷器标本 宋代

釉色

色釉瓷的色彩是一个复杂的集合体，这一点从其名字上已经可以看得出来，顾名思义，色釉瓷就是各种各样不同色彩的瓷器，的确是这样的，很明确色釉瓷器从大的色彩类别上就常见，青瓷、黑瓷、白瓷、黄釉（图1-11）、红釉、蓝釉、孔雀绿釉、冬青、仿哥釉、仿汝釉、黄釉、矾红釉、茄皮紫釉、郎窑红、豇豆红、天蓝、洒蓝、豆青、粉青、仿官、仿哥、仿汝、仿钧、乌金釉、霁红、霁蓝、黄釉、绿釉、胭脂水、茶叶末釉、珊瑚红、炉钧、仿竹器、仿木器、仿漆器、仿铜器、仿石器、仿玉器等，但这些色彩显然只是一些基本色彩，在这些基本色调之下还有其更为复杂的衍生色彩，如，仿汝釉意味着要仿烧汝窑在细节上万变的色彩，不仅仅是天青釉、青绿釉、月白釉等，还包括它所仿造的各种各样汝窑色彩；再如青釉瓷器在色彩上可以衍生为青灰、青绿、豆青、冬青、粉青、梅子青、青黄、青褐、青白、青中泛黄、青中泛灰等等，总之是种类繁多，由此可见，中国古代色釉瓷器在釉质色彩上是一个何等耀眼的星河。而这些繁复的色彩正好成为众多的鉴定依据，我们根据这些不同的釉质特征，就可以剥离出大大小小的鉴定依据，为我们判定文物时代、真伪、价值奠定坚实的基础。当然这些色釉瓷色彩是复杂的，它体现在不同时代、窑口之上（图1-12）。本书将从多个方面来揭示色釉瓷釉色，设计了大量图文的互动，并进行了详细的论述，希望能够使读者游刃有余地进行对比鉴定。

▲图1-11　黄釉瓷碟标本　清代

▲图1-12　油滴釉瓷器标本　宋代

窑口

色釉瓷在窑口具有鲜明的特征，早期色釉瓷器如青、黑、白、黄釉等色彩的瓷器分属不同的窑口，如越窑、汝窑、耀州窑、龙泉窑都是主烧青瓷（图 1–13）；德清窑主烧黑瓷；邢窑和定窑主烧的白瓷等，特征都是异常的鲜明；晚期色釉瓷器，主要以景德镇窑为显著特征，如明清时期的景德镇窑烧造出了白釉、铜红釉、钴蓝釉、冬青、仿哥釉、孔雀绿釉、矾红釉、茄皮紫釉、郎窑红、豇豆红、天蓝、洒蓝、乌金、胭脂水、茶叶末釉、珊瑚红釉等，犹如群星璀璨，精美绝伦。由此可见景德镇窑在色釉瓷器上的巨大成就。但颜色釉瓷器在釉色上是复杂的，在明清时期景德镇和宫廷将这些瓷器烧造成功后，被民间窑场迅速借鉴，纷纷仿烧，但质量多不如官窑器皿，不过产量巨大，一时间色釉瓷器广及大河上下，长江南北，在地域上空前广大，被人们所熟知。我们知道每一件瓷器都有其烧造的窑口，因此对于瓷器鉴定首要的问题就是要将其纳入时代的背景之下，所以，我们在鉴赏时首先要从窑口上分析色釉瓷器。

▲图 1–13　景德镇哥窑兽首衔环尊　明代

功能

色釉瓷器的功能特征十分明确，主要分为两部分，一种是以实用为主（图 1–14），如青瓷、白瓷、黑瓷、黄釉瓷器等。第二种是以陈设装饰为主，实用功能为辅的瓷器，这类瓷器以明清时期最为常见，如明代的黄釉、孔雀绿釉、矾红釉、茄皮紫釉等，清代的郎窑红、豇豆红、天蓝、酒蓝等，这些瓷器在功能上许多都是专门为了欣赏或者是工艺上要达到某种水平而特意烧造，但这些瓷器在讲究唯美性的同时并没有丢弃实用性，这一点很明确，那怕是小到宫廷或者是帝王和嫔妃们的用具，如亦真亦幻的郎窑红瓷器实用功能没有任何弱化。由此可见，色釉瓷在人们生活中装饰和实用的功能兼具，但二者的天平倒向显然是以实用为显著特征，所以谈到色釉瓷的功能，并不是虚无缥渺的，而是极为现实的，它可以给我们数百年以后的人们鉴赏色釉瓷提供无数揭秘它的钥匙。不过色釉瓷在功能上的特征并非一成不变，可以说不同时代和窑口的色釉瓷器在具体特征上都有所不同（图 1–15），而本书试析了不同条件下的色釉瓷功能，相信会对读者有所帮助。

▲图 1–14　兼具实用功能的兔毫釉茶盏　宋代

▲图 1–15　装饰与实用功能兼具的香炉　当代仿宋

收藏保养

收藏到了色釉瓷如何保养？这显然是一个喜悦与沉重交织的话题，喜悦的是我们可以随时、随地拿出色彩瑰丽的色釉瓷器把玩和欣赏，沉重的是担心瓷器被损坏，古玩界的一句老话“瓷器发毛，分文不值”（图1-16），这并非毫无道理，在现实中的确遇到过一些非常漂亮的色釉瓷器，就是因为微小的磕损而成为残瓷，从而价值大受影响，甚至变得有价无市，因此瓷器损坏的确是一件很令人痛心的事，因为历经了数百年都没有损坏，到了现在却损坏了，因此色釉瓷器的收藏和保养必然是一对伴侣，一定要和谐发展，共度荣辱。关于如何解决色釉瓷的保养问题？本书总结了博物馆现行的保管条例，以及作者长期在博物馆库房中工作的经验，认为有几点尤为重要：

1、防止磕碰

2、减少移动

3、相对温度

4、相对湿度

以上四点，在正文中本书会进行详细的论述，以及各种可能发生情况的分析。我们还要认识到色釉瓷的保养是一个复杂和科学的过程，有很多工作要做，并不是有了这四点所有的问题都可以迎刃而解。一些过于深邃的问题，还处于研究阶段，一些有争论的方法，本书暂不涉及。总之，通过我们的努力，使这些精美绝伦的色釉瓷不要受损，让这些历经千年风雨浮沉色釉瓷能够历久犹新，是我们共同的心愿。

▲图1-16　精美绝伦的雪白釉色瓷执壶　唐代

第二章 完残

完好

中国古代色釉瓷中完好的器皿常见（图 2-1），从种类上看，墓葬、遗址和传世品中都有见，墓葬出土多为 1 到 2 件，遗址出土的数量基本和墓葬相似，总量不大，完好的色釉瓷器主要以传世品为主，但数量有限。墓葬和遗址内出土的色釉瓷器通常情况下保存环境都不是太好，残缺者较为常见。色釉瓷器的传世品大多数保存得都比较好，原因是多数色釉瓷器在当时都是最为贵重的瓷器，如铜红釉、钴蓝釉、孔雀绿釉、矾红釉、茄皮紫釉、郎窑红、豇豆红、洒蓝、乌金、霁红、胭脂水、茶叶末釉、珊瑚红等都是这样（图 2-2），多数为宫廷用器，用于陈设和把玩，兼

▲图 2-1　完好无损的建窑兔毫釉盏　宋代

▲图 2-2　完好的紫釉烟壶　民国

具实用的功能，因此在当时把玩和使用时人们会很小心，保管也很完善，所以通常都是完好无损，精美绝伦，几无缺陷。从窑口上看，完好的器皿主要以景德镇官窑为主，其他窑口数量很少见。实用器功能为主的青、白、黑等色釉瓷器从六朝直至元代都比较多，而以陈设装饰功能为主的蓝釉、孔雀绿釉、冬青、仿哥釉、仿汝釉等色釉瓷器主要以明清时期为主，其他时代很少见（图 2-3）。鉴定时我们要注意分辨。

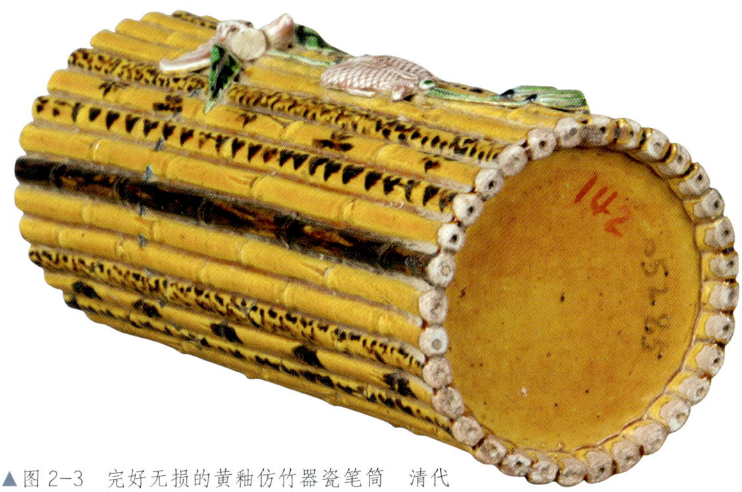

▲图 2-3　完好无损的黄釉仿竹器瓷笔筒　清代

残缺

残缺的概念很容易理解，就是中国古代色釉瓷发生了缺失。这是一个综合的概念（图 2-4）。中国古代色釉瓷残缺的情况比较复杂，从程度上看，可以分为严重残缺和轻微残缺。这种情况，以实用功能为主的青、白、黑等色釉瓷器较常见。实用器在生活中的磕磕碰碰使得其口磕和足磕的现象不断，墓葬和遗址复杂的土壤保存环境使得其严重残缺的可能性很大（图 2-5）；以陈设装饰功能为主的蓝釉、孔雀绿釉、冬青、仿哥釉、仿汝釉等色釉瓷器多轻微残缺，但轻微残缺的程度比较轻，如口磕、足磕等痕迹等比较少见，这些都属于轻微残缺的范畴。轻微残缺一般可以复原，只有极个别的器皿不能恢复造型。

▲图 2-4　油滴釉瓷器标本　宋代

▲图 2-5　严重残缺红釉瓷器标本　清代

复原

中国古代色釉瓷中可以复原的器皿常见，从概念上看，复原顾名思义就是造型可以恢复原样。因此复原器首先是一种有残器，当然这种有残器包括两个方面的内容：

自然复原

模具复原

自然复原主要是指有残，但没有缺的色釉瓷（图2–6），如一堆碎片，将其拼接成一件完整的器皿，恢复其原有的造型，这样的复原我们也称为简单复原。对于中国古代色釉瓷器来讲可复原的器皿非常有意义，因为不仅仅可以恢复造型，而且也可以较大程度地恢复其色彩。模具复原是指必须借助模具才能将器物复原的情况，称为复杂复原，这种情况的确比较复杂，往往是器物有严重残缺，但万幸的是还剩下了口沿到腹部以及底足的标本，这样的器物即使一个片状的状态，通过模具打模其完整的一面，之后逐渐拼合，完全可以将其造型复原（图2–7）。从数量上看，这类器皿墓葬和遗址中

▲图 2–6　可复原绿釉瓷炉　宋代

▲图 2–7　可复原紫釉瓷盒标本　明代

▲图 2-8　可复原黑釉瓷碗标本　明代

都有见，传世品中很少见。从时代上看，中国的色釉瓷可复原器时代特征很明显，实用器与陈设装饰器皿相比，实用器更多见，以明清时期以前为显著特征。从窑口上看，景德镇窑烧造出的名贵色釉瓷器很少见到残缺的可复原器，主要以早期实用为主的青、白、黑等瓷器为主。由此可见，可复原器显然是中国古代色釉瓷的重要组成部分。但要注意的一点是，这样的器皿经常被一些作伪者修复后作为完好器皿来销售，以牟取暴利（图 2-8），由于器物的一部分是真品，所以真伪难辨。鉴定时应注意分辨。

缺失

缺失的概念略难理解，实际上就是指中国古代色釉瓷有残缺，而且残缺后不能再找回的器皿，从而不能形成口沿、腹部以及底足可衔接的可复原标本，换句话说就是色釉瓷具有不可复原性。不可复原的中国古代色釉瓷数量众多，墓葬和遗址内都有见，但墓葬所见数量较少，主要以实用器功能为主的青、白、黑等色釉瓷器为主，陈设装饰性功能为主的器皿很少见，如蓝釉、孔雀绿釉、冬青、仿哥釉、仿汝釉等色釉瓷器多数是这样（图 2-9）。中国古代色釉瓷缺失的情况在数量上主要以明清以前为显著特征，明清时期很少见。缺失的情况的色釉瓷与精致程度的关系不大，无论是精致、普通、粗糙的色釉瓷之上都有可能出现不可复原的情况，有的碎片精致程度也是非常之高，如汝窑瓷器和明清官窑的一些珍稀瓷器品种都是这样。景德镇御窑场生产的瓷器很少见到残缺不可复原的器皿，而其他窑场则没有规律性的特征。鉴定时我们要注意分辨。

▲图 2-9　缺失孔雀绿釉瓷器标本　宋代

裂缝

中国古代色釉瓷器中有裂缝的情况有见，裂缝的成因比较复杂（图 2-10），多是外力所致，如巨大的震动使色釉瓷器的胎体分离。有裂缝的中国古代色釉瓷一般分为两种情况，一是经过修复能够复原的器皿，这类色釉瓷的裂缝虽然经过拼接，如果是在博物馆中通常裂缝较为明显，人们可以清楚地看到裂缝拼接的过程，因为考古修复不需要将修复的过程掩盖起来。但在市场上作为收藏品概念就完全不一样了，很多有裂缝的色釉瓷在修复时掩盖了一切，看起来好像是完好无损，没有任何缺陷，但实际上是有裂缝的残缺器，这类器皿在市场上占有相当大的比例，对于这类器皿的辨别方法主要有两种：第一是听声音，完好的色釉瓷叩之可发出清脆悦耳的金属声（图 2-11），而有裂缝的色釉瓷声音听起来沉闷、沙哑、嗡声很重。第二是做检测，目前有很多光学仪器，可以很清楚地看到视觉观察不到的包裹在釉内的裂缝。

▲图 2-10　有裂缝的钧瓷碗　元代

▲图 2-11　有裂缝的钧瓷碗　元代

但从理论上看，对于色釉瓷器裂缝色彩修补色彩即使调试的再好，也只能与原色无限接近，而并不能完全相同，因此，只要我们仔细观察，还是可以感觉到的，这也是一种方法（图 2-12）。从时代上看，有裂缝的色釉瓷在各个时期数量都比较丰富，从绝对数量上看以明清以前的色釉瓷器为主，但明清时期的官窑瓷器中也有很多由于各种各样的原因也有这种情况出现，我们在鉴定时一定要注意从多个方面来对其进行辨识。

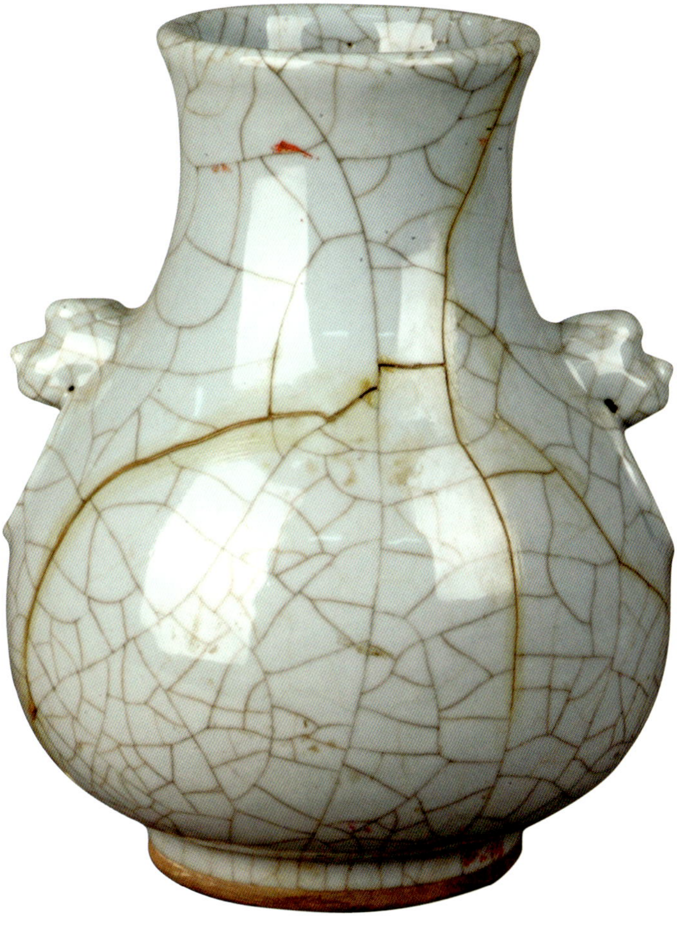

▲图 2-12　有裂缝的哥窑尊　明代

变形

中国古代色釉瓷器中变形的器皿很少见，只是偶有见，但主要以实用的青、白、黑、黄等色釉瓷器为主，明清时期景德镇窑烧造精致的色釉瓷器很少见到有变形者，这与官窑瓷器不计工本关系密切，而且也与官窑瓷器娴熟的技术有关，他们将造型艺术发挥到淋漓尽致，尽乎完美的程度（图 2–13）。中国古代色釉瓷器变形器与造型的关系并不大，没有过于规律性的特征，鉴定时应注意分辨。从窑口上看，著名的景德镇窑几乎不见有变形器，其他官窑烧造的瓷器也是这样，因此官窑与民窑是区别器物是否会变形的重要特征。中国古代色釉瓷的变形现象与精致程度有着密切的关联，变形的器皿和普通瓷器显然是无缘的（图 2–14），多数都是粗瓷。由此可见，中国古代色釉瓷中变形器皿多为偶见，几乎可以忽略不计。鉴定时应注意分辨。

▲图 2–13　略有变形的孔雀绿釉盘　宋代

▲图 2–14　有变形的普通青瓷盘　宋代

土蚀

▲图 2-15　有土蚀孔兔毫釉瓷盏　宋代

中国古代色釉瓷土蚀的情况比较复杂，以实用器功能为主的青、白、黑等色釉瓷器有土蚀的情况比较多。而以陈设装饰功能为主的蓝釉、孔雀绿釉、冬青、仿哥釉、仿汝釉等色釉瓷器土蚀现象比较少见，一些珍贵的传世瓷器基本上没有土蚀现象，这一点是显而易见的。遗址和墓葬出土珍贵色釉瓷器的数量很少（图 2-15），中国古代色釉瓷有土蚀者显然不占主流。从概念上看，中国古代色釉瓷土蚀的概念比较复杂，土蚀的情况也是各种各样，土蚀的程度有深浅、浓淡之分，一般情况下我们将不能清洗掉的土渍定性为土蚀，这一概念显然是比较广泛的，但这一点从客观上增加了土蚀色釉瓷的数量。从形成的原因上看，中国古代色釉瓷上的土蚀主要受环境的影响，如潮湿的环境等，从而起了化学反应，形成了一些不易清除掉的土蚀，所以土蚀现象的出现没有规律可言。从地域上看，中国古代色釉瓷有土蚀的缺陷特征明显，我国南方地区的土蚀往往较为严重，而北方干燥地区墓葬和遗址内出土的器皿则干净得多，很多色釉瓷器之上光洁如初，根本就没有土蚀。从时代上看，中国古代色釉瓷上的土蚀现象，明清时期比较轻微，而明清以前的时代则从各个方面表现出较为严重的特征。鉴定时注意分辨。

第三章 钩瓷

青釉

背景信息：青瓷是最早的色釉瓷器，东汉晚期青瓷器的烧制成功标志着中国古代瓷器的产生，从此青瓷介入人们的生活，以日常生活用具为主，墓葬和遗址内都有出土，总量规模庞大，从数量上在色釉瓷器中无疑占主流地位（图 3-1），但从种类上看青釉瓷器不过是数百种色釉瓷器中的一种而已。鉴定时应注意分辨。

▲图 3-1　天青釉汝瓷花形碟　当代仿宋

鉴定要点：

1、从色彩上看。青釉是一个大的概念，为高温颜色釉色釉瓷器，它所囊括的色彩非常多，青灰、青绿、青白、天青、青黄、青褐等各种各样的色彩（图 3–2），各种各样的青色当中又会衍生出许多枝节性的色彩。由此可见，青色是以一个融通性的大的概念，它并不具体，但青色显然是属于单色釉的范畴。

2、从时代上看。青瓷产生的时间比较早，从东汉晚期到明清乃至现在，鼎盛高潮不断（图 3–3）。六朝时期实际上就已经达到鼎盛。越窑青瓷在釉色上已经达到了相当高的水平，唐代越窑青瓷继续发展与，北方地区兴起的邢窑白瓷形成了“南青北白”的瓷业格局。宋元时期青瓷器继续发展，又一次达到了巅峰状态。汝窑在色彩上烧造出了亦真亦幻“雨过天晴云破处”的天青釉色彩。明清时期由于青花瓷的兴起，并迅速将青瓷等传统瓷器排挤出了主流市场，青瓷逐渐衰落。

3、从窑口上看。青釉瓷器在窑口上的特征异常复杂，名窑辈出，从六朝时期的越窑到宋元时期的官、汝之韵，以及耀州窑、龙泉窑等（图3-4），都烧造出了精美绝伦的瓷器，特别是宋代五代名窑之中的官窑和汝窑，其烧造技艺几乎无人能够匹敌，美到了极点。明清时期各大窑场相继衰落，烧造青瓷的窑场逐渐转向乡野之间。

4、从光泽上看。中国古代色釉瓷器中的青瓷在光泽上并不是以鲜亮著称，而是较为淡雅，很少出现像伪器那样贼光四溢的感觉，油性光泽强烈，通体闪烁着非金属的淡雅光泽，均匀，柔和。

5、从精致程度上看，青釉瓷器与精致程度并无太大的关联（图3-5），在青釉瓷器中既有精美绝伦之器，也有普通和粗糙的器皿，但总的来看青瓷还是以普通瓷器为主，粗瓷、特别是精致的瓷器在数量上较为少见。

▲图 3-2　青釉瓷器标本　宋代

▲图 3-3　天青釉汝瓷杯标本　当代仿宋

▲图 3-4　耀州窑青釉花形瓷碟标本　宋代

▲图 3-5　梅子青釉龙泉窑青瓷标本　南宋

黑釉

背景信息：黑釉瓷器与青瓷是一对孪生兄弟，在东汉晚期青釉瓷器烧造成功的同时黑釉瓷器也就产生了，只不过在东汉六朝时期黑瓷多数是作为青瓷的副产品出现的，主要销售给穷人。随着人们对于黑釉色彩的认可，六朝时期一个专门烧造黑瓷的窑场德清窑出现了，在烧造水平上达到了相当高的水平；宋代黑釉瓷器更是异常发达，出现了著名的建窑和吉州窑瓷器，窑变的气氛十分浓郁（图 3-6）。明清时期传统的黑釉瓷器归于平淡。黑釉瓷器长期作为人们日常生活当中的实用器皿，墓葬和遗址内都有出土，总量十分巨大，是中国古代色釉瓷器中的主流色彩之一，精品力作不断。

鉴定要点：

1、从色彩上看。黑釉瓷器在色彩属性上显然属单色釉，为高温颜色釉瓷器，当然这也是黑釉瓷器最初曾经追求过的效果，早期黑瓷以“黑如漆”为最美，如著名的德清窑就是这样；但随着时代的推移，黑釉色彩以窑变色为最美，就是以黑釉瓷器为主色调，但窑变必然会串联到其他的色彩，如褐、紫等色，像建窑兔毫釉就是这一类瓷器的代表。由此可见，黑釉瓷器的色彩属性显然是主流性质的，而不是绝对意义上的概念。

▲图 3-6　窑变气氛浓郁的黑瓷油滴釉标本　宋代

2、从时代上看。黑釉在时代特征上不是很明显（图 3-7），但实际上黑釉瓷器在东汉晚期已经产生，六

▲图 3-7　漆黑釉瓷瓶　明代

朝时期在色彩上已经达到“黑如漆”的效果，唐宋时期黑色瓷器继续发展，产生了以黑釉瓷器的窑变釉色彩，元代黑釉瓷器继续发展，明清时期黑釉瓷器衰落。鉴定时应注意分辨。

3、从窑口上看。中国古代黑釉的窑口特征上不是很明显，主要特点是分化为两极，一种是窑口特征十分明晰，如六朝时期德清窑、宋代的建窑和吉州窑等都是专一烧造黑釉瓷器的窑场。而另外一种情况是更多的黑釉瓷器没有窑口的特征，分散在从东汉晚期直至明清众多的窑场之内，以兼烧为主，这与黑釉瓷器主要作为民间用瓷有着密切的关联（图 3–8）。

▲图 3–8　黑釉瓷瓶　宋代

4、从光泽上看。黑色是世界上最为幽暗的色彩，但黑釉瓷器在光泽上并不黯淡，在光照下同样会反射出耀眼的光芒，柔和、细腻、均匀，温润的感觉油然而生，多数黑釉瓷器通体闪烁着非金属的油性光泽。

5、从精致程度上看。黑釉瓷器与精致程度并没有过于紧密的联系（图 3–9），黑釉瓷器中有精品力作，同时也有普通和粗糙的器皿，这一点是显而易见的，只是从数量上看，黑釉瓷器主要以普通和粗糙的瓷器为显著特征，精美绝伦之器处于偶见的状态。鉴定时应注意分辨。

▲图 3–9　光泽淡雅黑釉瓷灯　明代

白釉

背景信息：白釉在六朝时期就已经零星有见，但烧造不太成熟，直到隋代中国人第一次将白瓷烧制成功，成就了古瓷器史上一件划时代的大事，因为白釉瓷器的产生使青花瓷及诸多色釉和彩瓷的出现成为可能，并为其奠定了坚实的基础。白瓷在瓷器史上最为常见，主要作为人们日常生活当中的用具，墓葬和遗址内都有出土，在总量上规模巨大，在色釉瓷器中占据重要的地位。

鉴定要点：

1、从色彩上看。白釉瓷器在色彩上显然属于单色的范畴，为高温颜色釉色釉瓷器，但白釉是一个总称，它并不具体，常见的色釉瓷器就有雪白釉、纯白、猪油白、象牙白、灰白釉、黄白釉等等（图 3-10）。由此可见，所谓的白釉也只是一种概念，只是主体色彩意义上的白釉色彩，而并不是真正意义上色版概念。其中雪白釉和象牙白釉在历史上达到了相当高的水平。鉴定时应注意分辨。

▲图 3-10　猪油白釉白瓷碗标本　唐代

2、从时代上看。白釉在经历隋代短暂的时光之后，进入唐代，在唐代高度发达的物质文化的支撑下迅猛发展（图 3-11），迅速达到巅峰状态，出现了著名邢窑白瓷。宋代在邢窑白瓷衰落之后，一个新的窑场在邢窑的

▲图 3-11　雪白釉玉璧足白瓷碗　唐代

基础之上继续发展，这就是著名的定窑白瓷，元代白瓷发展依然强劲，当然这与白瓷主要为人们日常生活当中的实用器皿有关，直至明清时期白瓷才逐渐衰落下去（图3-12），被青花瓷等新兴的瓷器所取代，但在乡村白瓷依然占据着相当大的市场。鉴定时应注意分辨。

▲图3-12　白釉瓷杯　清代

3、从窑口上看。中国古代色釉瓷器中的白瓷窑口特征明晰，隋代并未形成特有的窑口，但唐代白瓷迅速达至鼎盛，邢窑白瓷的烧造达到巅峰状态，邢窑白瓷烧造出了雪白釉、洁白釉、猪油白釉等精美绝伦的产品，在色彩上均达到了至高水平（图3-13），后世很少有超越者；但遗憾的是这种精美绝伦的瓷器没有能够长期发展下去，随着唐代末期盛唐物质文化的衰落，邢窑较高成本的白瓷难以继续，迅速衰落。继而被北宋时期兴起的定窑白瓷所取代，定窑白瓷在邢窑的基础上对白釉瓷器进行了降低成本等各方面的革新，烧造出了成本低廉，但又精美绝伦的白瓷（图3-14），定窑白瓷在釉色上的成就极大，以象牙白釉色为最好，这种白中略显现黄色的釉色与象牙的色彩极为相像，令人们如痴如醉，件件可谓国之瑰宝，至纯至美；元代定窑白瓷有所衰落，基本上无过于优质的釉色，明清时期继续走下坡路，宫廷内的一些白釉瓷器，虽然在工艺上有所突

▲图3-13　邢窑白瓷唾壶　唐代

▲图 3-14　精细胎白瓷碗　唐代

破，但数量太少，基本上属于观赏瓷的一种，从数量上看几乎可以忽略不计。由此可见，白釉瓷器自定窑之后基本上再没有形成专一烧造白瓷的巨大窑场（图 3-15），和像定窑白瓷一样大的瓷窑体系。鉴定时应注意分辨。

▲图 3-15　白釉瓷杯　清代

4、从光泽上看。中国古代色釉瓷器中白釉在光泽上比较复杂，但过于鲜亮和黯淡者都比较少见，而是以色彩淡雅为显著特征（图 3-16）。另外，油脂性光泽比较强，多数通体闪烁着非金属的油性光泽，柔和，滋润。明清时期乡村级的白瓷只是在色彩淡雅和细腻程度上略显粗略，其他方面基本上还是延续了传统。鉴定时应注意分辨。

5、从精致程度上看。白釉瓷器与瓷器精致程度有一定的关联，这一点主要体现在具体的白釉瓷器色彩上（图 3–17），如雪白釉显然是邢窑白瓷中最为上品的瓷器；象牙白釉同样是定窑精致瓷器的象征。另外，就是这些白瓷的稳定程度与瓷器的精致程度是成正比的，如很多定窑系的窑场也烧造象牙白的定窑瓷器，但是象牙白的瓷器在色彩上不太稳定，经常发生偏色和串色等现象，而这样的瓷器显然不能算作是精品。鉴定时这些特点应注意区分。

▲图 3–16　光泽淡雅柔和的小口白瓷唾壶　唐代

▲图 3–17　精致白瓷唾壶　唐代

黄釉

背景信息：黄釉瓷器在中国古代色瓷器中占有重要的地位（图3-18），墓葬和遗址内都有见，出土数量比较多，分为高温和低温黄釉两种，高温黄釉瓷多为实用器，而低温黄釉瓷器多是以陈设观赏为主，为中国古代色釉瓷中的重要品类。

▲图 3-18　淡黄釉绞胎瓷器标本　唐代

鉴定要点：

1、从色彩上看。黄釉瓷器在釉色上达到了相当高的水平，特点是可以模仿各种自然界中的黄色，使人犹入幻境，如黄釉、黄褐釉、黄绿釉、姜黄釉、鳝黄釉、米黄釉、淡黄釉、鸡油黄、浇黄、蜡黄釉、焦黄釉等等，由此可见，黄釉瓷器色彩也不是纯正的单色，而是以黄釉色彩为主多种衍生色彩并存的一种色彩体系（图3-19）。鉴定时应注意体会。

▲图 3-19　黄釉瓷器标本　唐代

2、从时代上看。不同的黄釉色彩生活在不同的时代，这一点是显而易见的，如黄褐釉、黄绿釉、姜黄釉、鳝黄釉、米黄釉、淡黄釉、蜡黄釉、焦黄釉等，多数生活在唐宋时期（图3-20），而鸡油黄、浇黄则是明清

▲图 3-20　色彩稳定的黄釉寿桃　明代

时期较为流行的色彩，再具体一点宣德的浇黄和嘉靖时期鸡油黄等都是相当的有名，几无缺憾，由此可见，黄釉瓷器在色彩上的时代特征十分明晰。

3、从窑口上看。中国古代色釉瓷器中黄釉瓷器的窑口特征较为明晰（图 3-21），唐代安徽寿州窑不仅仅将黄釉瓷器烧造成功，而且还奇迹般地烧造出了鳝鱼黄、蜡黄、黄绿釉等具有代表性的釉色，色彩较为纯正，使人们眼球为之一亮，只是限于民间窑场烧造，在整体的工艺上略显粗糙。其次就是明清时期景德镇窑在官窑烧造的支撑下烧造成功了浇黄、鸡油黄等精美绝伦、脍炙人口的名贵瓷器。

4、从光泽上看。中国古代黄釉瓷器光泽以淡雅著称，无论是寿州窑的民用黄釉瓷器，还是景德镇官窑烧造的瓷器，在色彩上都秉承了黄釉瓷器色彩异常柔和淡雅的特征，在强光直射下反射也不会很强烈（图 3-22），如很多淡黄釉的绞胎瓷器就是这样，因此光泽柔和妩媚是其最根本性的特征，多数瓷器油性光泽很强，沉静典雅，精美绝伦。

▲图 3-21　寿州窑黄釉瓷器标本　唐代

▲图 3-22　光泽淡雅的黄釉瓷碟　宋代

5、从精致程度上看。黄釉瓷器与精致程度的关系十分明晰，如鸡油黄显然是最精美绝伦的官窑器皿，在明清时期多在宫廷使用，很少流入民间；而鳝鱼黄的瓷器为寿州窑瓷器色彩的代表作，其中不乏精品，但民窑烧造在层次上显然与明清时期的鸡油黄差很多，这一点在鉴定时我们应注意分辨。

铜红釉

背景信息：铜红釉是中国古代瓷器中最先烧造成功的红色（图 3-23），它的出现使这一单色中最为艳丽的色彩在瓷器之上生根发芽。在数量上铜红釉的瓷器时常有见，墓葬和遗址中都有见出土，有一定的量，但限定性比较强，多限定在具体的窑口之上，如钧窑瓷器之中等。总的来看，铜红釉瓷是中国古代色釉瓷器中的一朵奇葩（图 3-24），精品力作不断涌现。鉴定时应注意分辨。

▲图 3-23　钧瓷红釉瓷器标本　宋代

▲图 3-24　钧瓷红釉瓷器标本　宋代

鉴定要点：

1、从色彩上看。铜红釉瓷器在色彩上精美绝伦，使人犹入幻境，这是一种以氧化铜着色剂（图 3-25），在还原焰中烧造而成的瓷器，但红色的烧造并非易事，特别是鲜艳和色彩稳定的红色更是这样。宋代钧窑将铜红釉的色彩烧造成功，不仅仅是鲜艳的红色，而且出现了玫瑰紫、海棠红、柿红釉、葡萄紫、暗红釉等不同种类的红色，而且每一种色彩之间没有两件相同的器皿，这就是所谓的钧瓷在色彩上的“无双”。从色彩属性上的看，为高温颜色釉色釉瓷器，铜红釉的色彩多数属窑变色彩，以红色为主色调，其他诸多色彩为辅助。

2、从时代上看。铜红釉瓷器具有鲜明的时代特征（图 3–26），最早铜红釉的色彩在唐代就有见，不过数量很少，多是一些尝试性的烧造，并不成熟，但随着时间的推移宋代钧窑将其烧造成功，可以模仿多种自然界的色彩；元代钧瓷上的铜红釉继续发展。明代铜红釉瓷器基本上不见，看来明代铜红釉瓷器技术没有传承下来。清代铜红釉的瓷器被宫廷作为重点来进行恢复（图 3–27），康熙时期的郎窑红和豇豆红等应该说都是铜红釉的产品，后面有专有章节介绍，在这里就不再过多赘述。

▲图 3–25　钧瓷红釉瓷器标本　宋代

▲图 3–26　钧瓷红釉瓷器标本　宋代

3、从窑口上看。中国古代色釉瓷器中的铜红釉的窑口特征明晰，主要以钧瓷器为显著特征，其他窑口也有烧造，但显然从规模上都无法与钧瓷相提并论，因此有的时候人们一提到铜红釉瓷器自然就会想到精美绝伦的钧瓷。鉴定时应注意分辨。

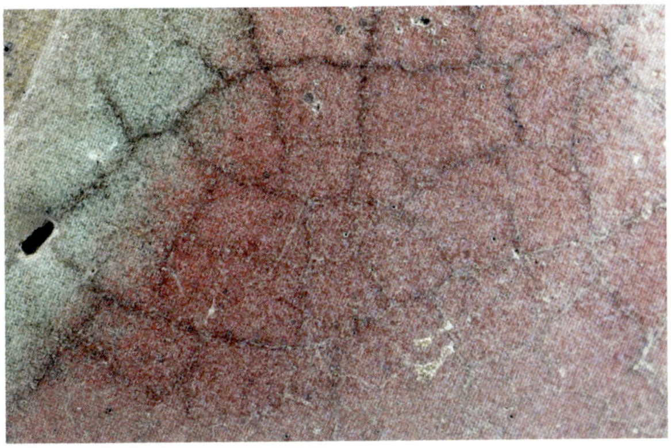

▲图 3–27　钧瓷红釉瓷器标本　宋代

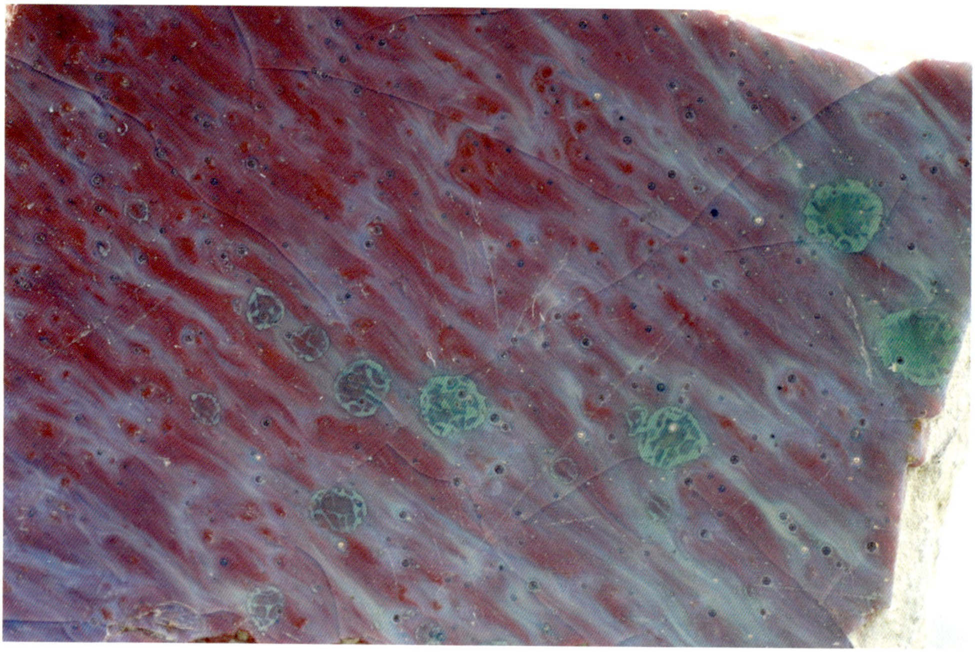

▲图 3-28 钧瓷红釉瓷器标本 宋代

4、从光泽上看。中国古代铜红釉瓷器在光泽上特征比较明确，较为鲜亮，特别是在阳光下更是熠熠生辉，美不胜收，但铜红釉的光亮程度显然是经过控制的，只是很少烧造出纯正的红色，而是玫瑰紫、海棠红等色彩（图 3-28），显然也是为了避免过于强烈的视觉刺激。总的来看，铜红釉的光泽在亮度较强的同时兼具淡雅，在绚丽多彩的同时釉色凝重。

5、从精致程度上看。铜红釉的瓷器在精致程度上特征很明确，基本上铜红釉的瓷器都比较精致，从发掘出土的器物来看是这样，从理论上分析也是这样，因为铜红釉较难烧制，一般的钧瓷之上并没有铜红釉的斑块，只有一些较为精致的瓷器之上才有铜红釉的色彩。所以铜红釉的瓷器主要以精致和普通瓷器为主，粗糙的瓷器之上很少见到铜红釉色。

钴蓝釉

背景信息： 顾名思义钴蓝釉色就是内有钴料的釉质，在特定的条件下可以呈现出色泽绮丽的蓝色（图 3-29），历史悠久，在唐代的陶器之上实际上就有较为成熟的蓝釉，但在当时属于低温釉，元代烧造出真正意义上的钴蓝釉瓷器，直至明清都有见。墓葬和遗址内都有见，多为 1 到 2 件，在总量上有一定的表现，但显然不占主流地位，为中国古代色釉瓷中重要的瓷器品种。鉴定时应注意分辨。

▲图 3-29　钴蓝釉瓷器标本　清代

鉴定要点：

1、从色彩上看。钴蓝釉瓷器色彩瑰丽，为高温颜色釉瓷器的一种，单色属性，色彩沉静典雅，深沉，蓝釉色彩的尽头，使人犹入幻境（图 3-30）。鉴定时应注意分辨。

▲图 3-30　钴蓝釉瓷罐　宋代

▲图 3-31　景德镇窑钴蓝釉瓷钵　清代

2、从时代上看。钴蓝釉瓷器具有鲜明的时代特征，总体上是以色彩深沉为显著特征，元代景德镇烧造成功的钴蓝釉瓷器色调深沉典雅；明代烧制成功了像雪花一样的蓝色，俗称“雪花蓝”，在色调上也是比较深沉；清代将吹釉工艺应用于钴蓝釉瓷器之上，烧制出了天蓝釉色，色调比元明时期鲜亮。鉴定时应注意分辨。

3、从窑口上看。中国古代色釉瓷器中钴蓝釉（图 3-31），多以景德镇御窑场的烧造为主，民间窑场很少烧造。鉴定时应注意分辨。

4、从光泽上看。钴蓝釉瓷器在光泽上以淡雅为主，滋润、细腻、柔和，通体闪烁着非金属的光泽，油性光泽浓郁，光泽均匀，多数为精美绝伦之器。

5、从精致程度上看。钴蓝釉的瓷器与精致程度的关系极为密切，这一点显而易见。由于官窑烧造，在工艺上讲究尽善尽美，所以基本上都是精美绝伦之器，很少见到普通和粗糙的器皿。

冬青釉

背景信息：冬青釉的瓷器时常有见（图 3-32），墓葬和遗址内都有出土，特别以传世品为多见，件数特征多为 1 到 2 件，在总量上比少，绝对不占主流地位，但为色釉瓷中的重要品种，件件几乎都是精品力作（图 3-33）。

▲图 3-32　冬青釉瓷器标本　清代

鉴定要点：

1、从色彩上看。冬青釉瓷器在色彩上属于单色釉的范畴，色彩深沉，纯正，青翠欲滴，与龙泉窑的色彩十分相似，实际上仿烧的是龙泉窑的釉色，精美绝伦，在釉色上不仅有龙泉窑之韵，基本上界定在色彩较为浓重的框架之内，使人犹入幻境。

▲图 3-33　冬青釉瓷器标本　清代

2、从时代上看。冬青釉的瓷器在时代特征上比较鲜明，出现的时代比较晚（图 3-34），明代才有见，永乐时期创烧成功，直至清末都有烧造，康、雍、乾三朝冬青釉瓷器在色彩上达到相当高的水平，浓淡深浅等各种不同的冬青釉色都有存在。

▲图 3-34　冬青釉瓷器标本　清代

3、从窑口上看。冬青釉瓷器，以明清时期景德镇御窑场为显著特征（图 3-35），其他民间窑场也有烧造，但在质量上往往达不到官窑的水平，特别在色彩上相距的比较远。鉴定时应注意分辨。

▲图 3-35　青釉瓷器标本　清代

4、从光泽上看。中国古代色釉瓷器中冬青釉瓷器在光泽上特征鲜明，总体来讲色彩深沉，但色彩的浓淡不同在光泽上的感觉上也不同，不过这种区别在感觉上并不明显。总的来看冬青釉瓷器在色彩上细腻、均匀、柔和、滋润、淡雅（图 3-36），通体闪烁着非金属油性光泽。

▲图 3-36　青釉瓷器标本　清代

5、从精致程度上看。冬青釉瓷器在精致程度上特征比较明确，由于官窑的性质，所以基本上以精致的瓷器为显著特征，普通的瓷器比较少见，粗糙的瓷器基本不见（图 3-37）。由此可见，与精致程度的关系并不密切。鉴定时应注意分辨。

▲图 3-37　冬青釉瓷器标本　清代

孔雀绿釉

背景信息：孔雀绿釉色的色釉瓷常见，墓葬和遗址内都有出土，1到多件不等，有一定的量，但从总量上看依然属于少数色釉瓷器之一（图3-38），显然不占主流地位，不过精品力作不断涌现。

▲图 3-38　孔雀绿釉梅瓶　宋代

鉴定要点：

1、从色彩上看。孔雀绿釉是一种以铜为着色剂的低温釉瓷器，瓷器色彩犹如最名贵的翡翠，精美绝伦，因此人们也常称其为“法翠釉”、“翡翠釉”等，色彩纯正，在色彩属性上显然可以列入单色釉的范畴，串色、偏色等现象很少见，在釉色上达到了相当高的水平，亦真亦幻，使人犹入幻境。鉴定时应注意分辨。

2、从时代上看。孔雀绿釉色在宋代便有烧造（图3–39），不过胎釉结合多有问题，常常有脱落现象；元代虽然有所发展，但基本延续宋代遗风；明清时期孔雀绿釉瓷器烧制完全成熟，在色彩上可以随意烧制，浓淡深浅等色都有见。鉴定时应注意分辨。

▲图 3–39　孔雀绿釉瓷器标本　宋代

3、从窑口上看。孔雀绿釉瓷器在窑口上比较明确，在宋元时期磁州窑就有烧造；元代景德镇窑亦有烧造；明成化时期的景德镇窑将孔雀绿釉瓷器烧造成熟，之后不断发展，精品力作辈出。明清时期主要以官窑烧造为主；而在明清以前的各大窑口则是以民窑烧造为主。鉴定时应注意分辨。

4、从光泽上看。中国古代孔雀绿釉瓷器在光泽上鲜亮与黯淡并存，浓淡层次分明，但从光泽属性上看显然是中性的（图 3-40），它并没有红色那样的热烈，但同时也同黑釉色彩的黝黑形成鲜明的对比，柔和、细腻、均匀，通体闪烁着非金属的淡雅光泽，给人以至纯至美的感觉。

▲图 3-40　孔雀绿釉瓷器标本　宋代

▲图 3-41　孔雀绿釉瓷器标本　宋代

5、从精致程度上看。孔雀绿釉瓷器与其精致程度有着相当的联系，孔雀绿的釉色简直就是精致瓷器的代名词，许多孔雀绿釉瓷器在精致程度上都表现得比较好，但在时代和窑口上有一定的限定，官窑瓷器中的孔雀绿釉瓷器基本不见普通器，都是精美绝伦之器，以明清时期为主；而民窑中精致和普通者都有见（图 3-41），时代以宋元时期为显著特征。鉴定时应注意分辨。

矾红釉

背景信息：矾红釉的瓷器在色釉瓷器中常见，墓葬和遗址内都有出土，但主要以传世品为主，多为1到2件，在总量有一定的表现，但占不得到主流地位，为中国古代色釉瓷中的重要品类之一。

鉴定要点：

1、从色彩上看。民间称“铁红”、“虹彩”等（图3-42），实际上矾红是一种低温釉的红色，温度大约在800—900摄氏度左右，色彩鲜丽，柔和细腻，纯正，均匀，达到了较高的水平，这种色彩可以独立成器，也可以作为五彩、斗彩等的纹饰线条使用（图3-43）。鉴定时应注意分辨。

▲图3-42　矾红釉瓷瓶　当代仿清

2、从时代上看。矾红釉的色彩虽然很早有见，宋代就有，但真正大规模的使用是在明清时期，因此可以说明清时期是低温矾红釉的时代。康熙、雍正、乾隆时期达到了相当高的水平，遗憾的是在乾隆末期矾红釉瓷器已然开始衰落，之后罕见精品。

▲图3-43　矾红釉瓷器标本　清代

3、从窑口上看。中国古代矾红釉色的瓷器在窑口特征上比较明晰（图 3–44），主要以景德镇窑为显著特征，特别是御窑场对于矾红釉瓷器的重视，直接促使了矾红釉在明代的发展，至康熙时期矾红釉瓷器在色泽上更加鲜丽，精美绝伦，美不胜收。鉴定时应注意分辨。

▲图 3–44　矾红釉瓷器标本　清代

4、从精致程度上看。矾红釉瓷器在精致程度上通常比较好（图 3–45），以精致为显著特征。普通瓷器有见，以嘉庆以后为主。鉴定时应注意分辨。

▲图 3–45　矾红釉瓷瓶　当代仿清

茄皮紫釉

背景信息：茄皮紫釉的色彩在中国古代色釉瓷器中常见，墓葬和遗址内都有出土（图 3-46），多为 1 到 2 件，总量比较少，属于色釉瓷器中的稀有瓷器品种。

▲图 3-46　茄皮紫釉瓷器标本　清代

鉴定要点：

1、从色彩上看。茄皮紫釉属低温颜色釉瓷器，在色彩上犹如成熟的茄子色彩一般（图 3-47），色泽紫中泛蓝，精美绝伦，仿佛散发这诱人的清香，是模仿现实中色彩的典范，在釉色中主要以锰为着色剂，《南窑笔记》载“铅粉、石末，入青料则成紫色”，浓淡深浅各色都有，是美到极点的作品（图 3-48）。

▲图 3-47　茄皮紫釉瓷灯　清代

2、从时代上看。茄皮紫釉的瓷器在时代特征上最为清晰，为明代景德镇窑弘治朝所创烧成功，嘉靖、万历两朝仍有生产，但在质量上已有所下降，色泽偏淡紫，明清两代兼有之。

▲图 3-48　茄皮紫釉瓷器标本　清代

3、从窑口上看。中国古代色釉瓷器中茄皮紫釉在窑口特征上十分明晰（图 3-49），以景德镇窑的烧造为显著特征，而且以御窑烧造为主，民窑烧造的器皿有见，但在色彩上与官窑有明显区别。

▲图 3-49　茄皮紫釉瓷器标本　清代

4、从光泽上看。茄皮紫釉在色彩上淡雅与鲜亮并存，油性光泽浓郁，均匀、柔和，润泽，通体闪烁着淡雅的非金属光泽。

5、从精致程度上看。茄皮紫釉的瓷器在精致程度上特征很明确，很少见到普通和粗糙的瓷器（图 3-50），这与其主要为官窑烧造的性质有着密切的关联。

▲图 3-50　茄皮紫釉瓷器标本　清代

郎窑红

背景信息：郎窑红瓷器在中国古代色釉瓷器中有见，但数量很少，墓葬和遗址中很少有出土完整器皿，主要以传世品为主，多为1到2件，总量很少，但工艺精绝，为中国古代色釉瓷器中的精品力作。

鉴定要点：

1、从色彩上看。郎窑红瓷器在色彩属性上为高温釉，为高温铜红釉瓷器的一种，它的色彩以鲜亮著称（图3-51）。历史上所有的红色几乎无能及者，宛若宝石和牛血，釉面有牛毛状的细丝纹，因此也称为“宝石红”和“牛血红”，可以说是美到了极点。但一般情况下口部色彩较浅，呈现出浅淡色，如浅红、淡青等色，有时也露出白胎，俗成“灯边草”；底部有白、米黄、浅青、青苹果等色。以江西巡抚兼任督陶官的郎廷极的姓氏命名，以表彰他对于瓷器的贡献。总之郎窑红釉瓷器在色彩上几乎达到了红釉色彩烧造的尽头。

▲图3-51　郎窑红釉瓷杯　当代仿清

2、从时代上看。郎窑红色的色釉瓷器时代特征很明确，以清代康熙时期首创为显著特征（图3-52），康、雍、乾时期都有烧造，在此之前不可能出现郎窑红似的色彩。仿烧者多不得其意。鉴定时应注意分辨。

▲图 3-52 郎窑红釉瓷杯 当代仿清

3、从窑口上看。中国古代色釉瓷器中郎窑红窑口特征十分明确，就是以景德镇御窑为主，民间很少能够烧造出能与真正官窑比拟的郎窑产品。

4、从光泽上看。郎窑红釉色鲜艳到了极点，血红色彩，艳丽至极，整体来看有着玻璃的质感，油性的光泽，通体闪烁着非金属的淡雅光泽，均匀、柔丽。精美绝伦到了极点。

5、从精致程度上看，郎窑红的瓷器与精致程度关系密切（图3-53），几乎所有的郎窑红瓷器在色彩上都是尽善尽美，几乎无缺憾，乾隆皇帝见识广博，对瓷器烧造极为苛刻，但对于郎窑红瓷器也是大加赞赏，其产品基本为宫廷的御用器，普通和粗糙的产品几乎不见。鉴定时一定要注意分辨。

▲图 3-53 郎窑红釉瓷杯 当代仿清

豇豆红

背景信息：豇豆红釉的瓷器有见（图3-54），但数量很少，以传世品为主，为中国古代色釉瓷中的稀有品种之一。

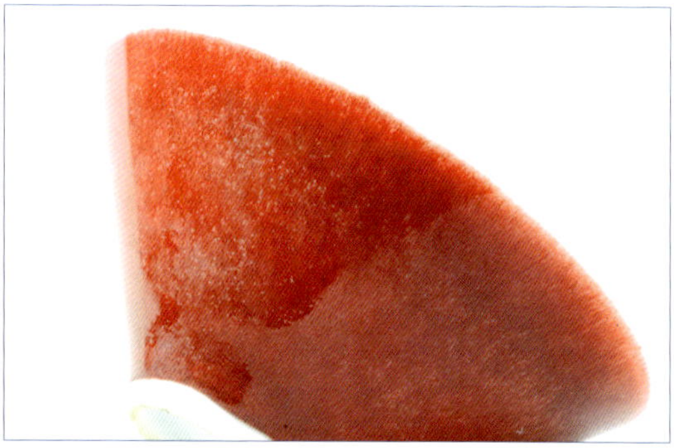

▲图3-54　豇豆红釉盏　当代仿清

鉴定要点：

1、从色彩上看。豇豆红釉瓷器色彩犹如豇豆的红色，是模仿自然色彩的典范，色彩属性为高温铜红釉的一种，这种色彩与郎窑红恰似一阴一阳。豇豆红釉瓷器不像郎窑红那样鲜亮，色彩更为淡雅，处处突出的是一种淡雅之美，灵动之气，色彩烧造难度极大，并非真正纯正的色彩，而是在釉面之中带有绿色斑点，但这并不是缺陷，而是豇豆红瓷器有意所为，目的是幻化出更加迷人的色彩，由于红色的深浅还有绿色的斑点分布位置不同，近而造就了犹如小孩脸蛋似的色彩，俗称“娃娃脸”（图3-55）；还有如粉红的桃花似的色彩，称之为“桃花扇”；犹如美人对酒把盏那醉意朦胧的脸，称之为“美人醉”，也像乳鼠皮等色彩，如此的人性化，犹如俗世中的一剂清新剂，滋润着人们的心田，令人们如痴如醉。总之豇豆红的釉色在釉色上无疑达到了红釉色彩最美的一面。鉴定时应注意体会。

▲图3-55　“娃娃脸”豇豆红釉标本　当代仿清

2、从时代上看。豇豆红釉的瓷器具有鲜明的时代特征，清代康熙朝初创，并迅速达至巅峰状态，康、雍、乾时期都有烧造，嘉庆以后在烧造质量上坠落。鉴定时应注意体会。

3、从窑口上看。中国古代色釉瓷器中豇豆红在窑口特征上十分明显（图3–56），以景德镇窑为显著特征，御窑场烧造，烧造难度特别大，民间很少有仿烧成功者。

4、从光泽上看。中国古代色釉瓷器中豇豆红瓷器在光泽上以淡雅著称，不同的色彩有不一样的光泽柔和程度，这是一种不容易表现的温润，因为豇豆红釉的高温烧造与瓷器的温润程度本身就是矛盾的。豇豆红釉瓷器在光泽上油脂性光泽比较强，多数瓷器通体闪烁着非金属的淡雅光泽，美不胜收。鉴定时应注意分辨。

5、从精致程度上看。豇豆红釉瓷器与精致程度的关系十分密切（图3–57），由于豇豆红釉瓷器极难烧造，需要的是不计工本地烧造和精益求精的态度，而这些只有官窑瓷器才具备，因此对于豇豆红瓷器来讲只要烧造成功，基本上都是瓷器中的精品力作，很少见到普通和粗糙之器，鉴定时应注意分辨。次品有见，但次品异常明显，非常粗糙，基本上可以忽略不计。

▲图3–56　豇豆红釉罐　当代仿清

▲图3–57　豇豆红釉盏　当代仿清

天蓝釉

背景信息：天蓝釉色的瓷器有见，多以钧窑瓷器为最常见（图 3-58），墓葬和遗址内都有出土，多为 1 到 2 件，占据钧窑瓷器的主流地位，为色釉瓷器的重要品类之一。

▲图 3-58　天蓝釉钧瓷标本　宋代

鉴定要点：

1、从色彩上看。天蓝釉属于窑变釉的一种，高温颜色釉性质，在色彩上有浅淡、浓深之分，色彩万变，几乎没有相同的色彩，但主要模仿的是天空中的各种蓝色，亦真亦幻，美不胜收，犹如幻境（图 3-59）。

▲图 3-59　天蓝釉钧瓷碗（三维复原图）　宋代

2、从时代上看。天蓝釉色的瓷器在时代特征上比较明晰，宋元时期居多，其他时代也有见，但数量很少。

3、从窑口上看。中国古代色釉瓷器中的天蓝釉的窑口特征十分明显，多为钧窑瓷器，其他窑口很少见，曾经为北宋宫廷烧造过瓷器的河南禹县钧台窑和八卦洞窑烧造的为最好。

4、从光泽上看。中国古代天蓝釉瓷器在光泽上随着浓淡层次色彩不同的阶段而变化，但这种变化不是很大，而是比较微弱，总体较为鲜亮，通体闪烁着非金属的光泽，柔和，滋润，均匀程度很高。鉴定时应注意分辨。

5、从精致程度上看。天蓝釉色与瓷器的精致程度并没有过于紧密的联系（图3-60），在钧窑瓷器中天蓝釉的瓷器有见精致、普通、甚至粗糙者，但在模仿天蓝釉色的准确程度上与精致、普通、粗糙显然是呈正比的。鉴定时应注意分辨。

▲图 3-60　粉青釉瓷器标本　清代

粉青釉

背景信息：粉青釉瓷器是中国古代色釉瓷器中的一朵奇葩，墓葬和遗址内都有出土，多为1到2件，有一定的量，是色釉的重要品种之一。

鉴定要点：

1、从色彩上看。粉青釉色至纯至美，为高温颜色釉色的一种，多数在1200—1300摄氏度的高温下烧造而成，属于单色范畴，色彩纯正，均匀程度很高。

2、从时代上看。粉青釉瓷器的时代特征比较复杂，北宋时期甚至更早的时候就有见粉青瓷器，但多不稳定，显然未形成独立的色彩属性。直到南宋时期粉青釉瓷器才得以烧造成功，从此受到人们的青睐，迅猛发展。明清时期也有很高成就，而且在数量上达到相当的规模。

3、从窑口上看。中国古代色釉瓷器中的粉青釉窑口特征明晰，以南宋时期的龙泉窑首先烧造成功，南宋官窑亦有烧造，元代龙泉窑继续烧造，明清时期的景德镇窑延续传统，烧造出了许多精美绝伦的粉青釉瓷器，官民窑都有烧造，在工艺上达到了相当的水平，多数为精美绝伦之器。

4、从光泽上看。粉青釉瓷器在光泽上以鲜亮为显著特征，但由于其色调粉青导致其鲜亮的程度有限（图3-61），多数较为温润，淡雅，油性光泽浓郁，通体闪烁着淡雅的非金属光泽。鉴定时应注意分辨。

▲图3-61　粉青釉瓷盘　清代

5、从精致程度上看。粉青釉瓷器在精致程度上参差不齐，精致、普通、甚至粗糙者都有见，这主要与粉青釉瓷器官民窑都有见有一定关联，官窑瓷器自然精致无比，而民窑烧造的瓷器在精致程度上自然参差不齐。总的来看以普通瓷器为最常见。鉴定时应注意分辨。

以上是部分色釉瓷器的详细分析，但色釉瓷器真的是太多了，可以达到上百个品种，我们不可能一一进行详细的分析，也没有那个必要。本书所要陈述的是一种方法，而并不是结论，因为色釉瓷器多数给人们的是视觉和心灵的感悟（图3-62），可能每一个人所能见到色釉瓷器的感觉都是不同的。因此色釉瓷器需要用心去体会，而不能只用视觉来简单的观察。虽然不能尽述色釉瓷器的全部，但色釉瓷器犹如星光灿烂、有许多耳熟能详的名字在这里是需要提及的，它们是：仿官釉、仿哥釉、仿汝釉、仿钧釉、霁红、霁蓝、胭脂水、茶叶末釉、珊瑚红、仿竹器、乌金釉、红釉等(图3-63）。这些瓷器在历史上都曾经风靡一时，令无数人所青睐，让我们记住它们的名字。分析问题的方法同上。

▲图 3-62　天青釉汝窑瓷瓶　当代仿宋

▲图 3-63　“大清光绪年制”红釉瓷尊　清代

第四章 窑口

第一节 传统窑口

1、概况。本书为了梳理色釉瓷器，仅在此将除景德镇窑以外的中国所有瓷器窑口暂称之为传统窑口加以梳理（图 4-1）。中国古代色釉瓷器中有很多品类都分布在传统窑口之中，特别是以实用器功能为主的青、白、黑、黄、褐、酱等色釉瓷器，如白瓷有著名的邢窑和定窑；青瓷有著名的越窑、龙泉窑、耀州窑等；黑瓷有德清窑；黄釉瓷器有寿州窑等，犹如星光璀璨，数不胜数。

▲图 4-1　建窑瓷器标本　宋代

2、数量。传统窑口生产的中国古代色釉瓷器在数量上可谓规模巨大，因为这些瓷器多数是人们日常生活当中的实用器，每个人都要使用的餐具，特别是如碗、盘、碟、盏等饮食器皿数量最为庞大，几乎占到中国古代色釉瓷器总量的大部。但从种类上看显然占据不到主流地位。鉴定时我们应注意分辨。

▲图 4-2　磁州窑孔雀绿釉瓷盘　宋代

3、窑址。传统窑口多数已经发现，如邢窑、定窑、钧窑、耀州窑、越窑、龙泉窑、南宋官窑、汝窑等，但还有一少部分色釉瓷器窑场没有发现，如哥窑、官窑的窑址至今都没有发现（图 4-2），仅见传世品。显然我们要想知道更详细的情况，只能等待新的考古发现的出现。

4、时代。传统窑口具有鲜明的时代特征，这一点很明确，东汉六朝时期越窑青瓷就开始酝酿，并在六朝时期发展至鼎盛，唐代与北方新兴的邢窑白瓷形成“南青北白”的瓷业格局；宋代中国古代瓷器进入了鼎盛期，出现了官、哥、汝、定、钧五代名窑，以及磁州窑、耀州窑、龙泉窑等诸多瓷窑，并形成了巨大的窑系。这些为色釉瓷器的传播打下了坚实的基础。

5、精致程度。传统窑口生产的色釉瓷器与精致程度的关系并不密切，可以说精致、普通、粗糙者都有见（图4–3）。有联系的只是窑场的性质，也就是官窑还是民窑，官窑瓷器在精致程度上通常是不计工本地烧造，多数都属于精美绝伦的作品，精美绝伦之器；而民窑生产的色釉瓷器也有精美绝伦者，但多数达不到官窑瓷器的精致水平，主要以普通和粗糙的瓷器为显著特征。鉴定时应注意分辨。

6、器形。传统窑口瓷器在器物造型上异常丰富，几乎涉及人们生活当中所需要的各种器物造型，如碗、托、盘、碟、盒、托子、盆、瓶、注子、砚台等都常见，但从比例上看，以碗、盘等器皿最为多见。这可能与实用器有着密切的关联。

7、釉质。传统窑口色釉瓷器多数以釉取胜（图4–4），这一点是显而易见的，无论是越窑的青翠欲滴，还是邢窑白瓷的白如雪，或者汝窑瓷器“雨过天晴云破处”的天青釉色，在釉质上都是尽善尽美，显然是以釉质取胜。多数瓷器在釉质上细腻，润泽、通体闪烁着非金属的淡雅光泽，达到了较高的水平，有很多瓷器在釉色上几乎达到了釉色烧造的尽头（图4–5），历代未有超出者。

▲图4–3　较粗黄釉瓷器标本　唐代

▲图4–4　钧瓷天蓝釉瓷碟　宋代

另外，从传统窑口所生产的色釉瓷器中很少有纹饰，或者说纹饰占不到主流地位。

8、胎质。传统窑口色釉瓷器在选料上十分考究，以高岭土为料，淘洗精炼，致密，细腻，瓷化程度高，在胎体上达到了精益求精的程度，胎色以纯色胎为显著特征，讲究“内外一致”，寓意“身心一致”之文化内涵，如汝窑瓷器的“香灰胎”色几乎达到了无缺憾的高度。但传统窑口生产的色釉瓷器由于以民窑为主，所以胎体上参差不齐，有的时候还有黏土料和掺和料的器皿，这增加了传统窑口色釉瓷器在胎体上的复杂性。鉴定时应注意分辨。

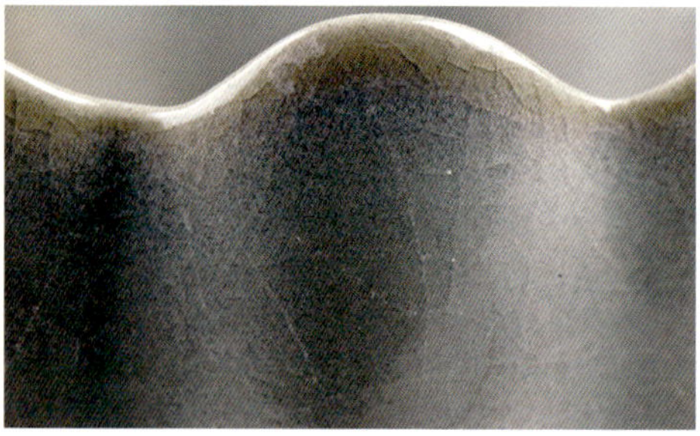

▲图 4-5　汝窑花口杯　当代仿宋

9、影响。传统窑口色釉瓷的影响十分深远（图 4-6），不仅在当时“通销天下”，而且对于后世宋元色釉瓷器有着深刻的影响，同时也为明清时期色釉瓷器大规模的出现奠定了坚实的基础，如同隋代白釉瓷器的烧制成功为白青花瓷、粉彩、斗彩等色釉瓷器的出现奠定了基础。而中国古代色釉瓷器正是在这种相互影响和传承中发展的。鉴定时应注意分辨。

▲图 4-6　定窑系黑瓷瓶　宋代

第二节 景德镇窑

1、 概况。著名的景德镇窑在元至正时期将青花瓷烧制成功，青花瓷在很短的时间内将传统青、白、黑瓷都排挤出了主流瓷器市场，这奠定了景德镇瓷都的地位；元、明、清政府都在景德镇设立了官方机构，为宫廷烧造瓷器，从此景德镇成为名副其实元、明、清时期瓷器的官窑场（图 4–7），全国一流的工匠云集景德镇，加之景德镇地区所储存的大量优质瓷土矿，使得景德镇瓷业异常繁荣，不仅将青花瓷烧制成功，而且奇迹般地将许多色釉瓷器烧制成功，或者加以发展，如蓝釉、黄釉、甜白釉、铜红釉、钴蓝釉、冬青、仿哥釉、仿汝釉、矾红釉、茄皮紫釉（图 4–8）、郎窑红、豇豆红、天蓝、洒蓝、豆青、冬青、粉青、仿官、仿哥、仿汝、仿钧、乌金、霁红、胭脂水、茶叶末釉、珊瑚红等，美不胜收，异彩纷呈，可以说大多数色釉瓷器品种都是景德镇窑所创烧的，由此可见，景德镇窑瓷器在色釉瓷器上的繁荣兴盛。

▲图 4–7　景德镇窑绿釉瓷鼻烟壶　当代仿清

▲图 4–8　茄皮紫釉瓷器标本　清代

2、数量。景德镇窑色釉瓷在数量上并非十分丰富，而是相反，无论是蓝釉、孔雀绿釉、甜白釉、铜红釉、钴蓝釉、冬青、仿哥釉、仿汝釉、矾红釉、茄皮紫釉、郎窑红、豇豆红、天蓝、洒蓝、豆青、冬青、粉清、仿官、仿哥、仿汝、仿钧、乌金、霁红、胭脂水、茶叶末釉（图 4-9）、珊瑚红等瓷器我们都很少见到，原因是这些瓷器在当时服务的对象是宫廷，要求精益求精，而不是一味追求数量，所以当时就很少见，藏于宫廷之中，到今天数量显得特别少，多数收藏在中国台北和北京的故宫博物院、上海博物馆、南京博物院等少数博物馆中，以传世品为主，墓葬和遗址内很少出土，单品种总量有限。鉴定时应注意分辨。

▲图 4-9　景德镇窑茶叶末釉瓷瓶　当代仿清

3、窑址。景德镇窑的窑址很明确，元、明、清时期烧造景德镇瓷器的御用窑场都已发现，而且出土了大量的瓷器标本，以及用于烧造色釉瓷器的白瓷器皿。多数瓷器是在青花瓷制瓷技术基础之上烧造而成，如釉里红瓷器就是元代景德镇在青花瓷烧造工艺的基础之上，融合唐代长沙窑和宋代钧窑铜红釉将其烧造成功。鉴定时应注意分辨。

4、时代。景德镇窑色釉瓷器在时代上具有鲜明的特征，是一个发展的过程（图 4–10），这一点从品种上我们可以看得很清楚，元代烧制的较为著名的色釉瓷在品种上还不算多，常见的主要有红釉、蓝釉、孔雀绿釉等。明代品种激增，仅高温色釉瓷器就有白釉、铜红釉、钴蓝釉、冬青、仿哥釉、仿汝釉等。低温色釉瓷器有黄釉、孔雀绿釉、矾红釉、茄皮紫釉等。清代色釉瓷器的品种和数量上进一步增加，并在继承的基础上有很多创新，如常见的高温色釉瓷器就有郎窑红、豇豆红、天蓝、洒蓝、豆青、冬青、粉清、仿官、仿哥、仿汝、乌金、霁红、霁蓝等。低温颜色釉瓷器有黄釉、绿釉、胭脂水、茶叶末釉、珊瑚红、炉钧等。由此可见，明清时期景德镇窑在色釉瓷器的品类上可谓集大成（图 4–11）。鉴定时应注意分辨。

5、精致程度。景德镇窑色釉瓷精致程度具有均衡化的特征，并未像邢窑那样可以划分为精致、普通、粗糙三级，而是主要以精致色釉瓷为主，普通色釉瓷为辅，不过粗糙色釉瓷少见。

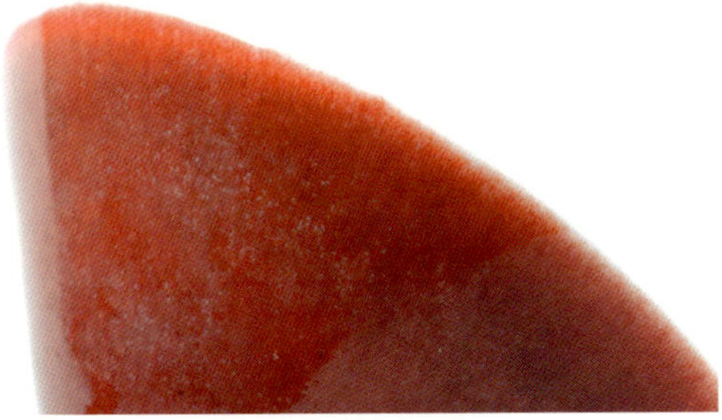

▲图 4–10　景德镇窑豇豆红釉瓷盏　当代仿清

▲图 4–11　景德镇窑红釉瓷瓶　清代

6、器形。景德镇窑色釉瓷器在器物造型上十分丰富，各种器物造型都见（图 4–12），如碗、盘、碟、盏、瓶、壶、盆、钵、觚、文房用具、盒等等，这一点很好理解，因为这些色釉瓷器虽然多数是御窑场烧造，但御窑场烧造的目的也是为宫廷所实用，自然各种器物造型都有，只是这些器物造型单品种不是很多，体积也不是很大，主要以小型器皿为主，这一点我们在鉴定时要注意分辨。

▲图 4-12 景德镇窑豇豆红瓷罐 当代仿清

7、釉质。景德镇窑灿若繁星的色釉瓷器品种自然都是以釉质取胜，因此在釉质上极尽心力，几乎所有的色釉瓷器在釉层上都具有很多共性特征，选料优良、细腻、稠密、润泽、润滑、光泽淡雅，几乎无缺憾。在釉色上可谓异彩纷呈，只是以模仿自然色和已经存在过的色彩为 立意，而并不是真正一味地模仿（图 4-13）。仿汝釉和仿官器都达到了极高的艺术水准，但显然与真正的汝窑和官窑瓷在釉色等方面又判若有别，使人们能够很容易辨别出来。由此可见，景德镇窑色釉瓷器可以幻化出多种人们意想不到的色彩，以釉质取胜的特点异常明晰。

8、胎质。景德镇窑色釉瓷器在胎体的选择上精益求精，都选择最为优质的景德镇的优良高岭土为料，不见泥胎，淘洗精益求精，胎质致密、坚硬、几乎无杂质、厚薄均匀、绝无变形现象，瓷化程度非常好。胎色洁白（图 4-14），串色和偏色等现象被控制到了相当好的程度，整个瓷器的胎体可以说是几无缺憾。鉴定时应注意分辨。

9、影响。景德镇窑色釉瓷器的影响是深远的，它影响到了现在人们对于色釉瓷器的思维方式，很多人一提到色釉瓷器就想到了景德镇窑，而忽略了历史上传统窑口所生产的色釉瓷。这一点不能怪世人，因为景德镇窑在明清时期烧造的色釉瓷器品种比历代色釉瓷器之和还要多得多，这可能是造成人们这种错觉的根本原因。在烧造工艺上，景德镇窑对于色釉瓷器的烧造工艺极为复杂，如郎窑红瓷器的烧造在工艺要求几乎是达到了制瓷技术的尽头，虽然我们现在无法真正达到郎窑的水平，但起码我们知道这种事情是可能的，给予我们无尽的动力，相信终有一天我们可以达到历史水平，再创人间奇迹。

▲图 4-13　景德镇窑茶叶末釉梅瓶　当代仿清

▲图 4-14　景德镇窑洁白台瓷器标本　清代

第五章 造型

第一节 口部

1、从种类上看。中国古代色釉瓷器在口部造型上十分丰富，常见的口部造型主要有敞口(图5-1)、侈口、敛口、花口、直口、子母口、大口、小口、撇口、盘口、喇叭口、不规则口等。由此可见，色釉瓷器在口部造型上的种类上显然是集大成，几乎囊括了历史上曾经出现过的造型。

▲图 5-1　敞口孔雀绿釉瓷盘　宋代

2、从数量上看。色釉瓷器中各种口部造型以敞口、敛口、侈口据多，花口、各种不规则口的造型较少。但从种类上看数量，口部特征就不是这样了，如在蓝釉、孔雀绿釉、甜白釉、铜红釉、钴蓝釉、冬青、仿哥釉、仿汝釉、矾红釉、茄皮紫釉、郎窑红、豇豆红、天蓝、洒蓝、豆青、冬青、粉青、仿官、仿哥、仿汝、仿钧、乌金、霁红、胭脂水、茶叶末釉（图 5-2）、珊瑚红等瓷器中，各种口部造型几乎呈现出均衡发展的态势，有时花口和不规则口部的造型数量还要多一些。

▲图 5-2　小口茶叶末釉瓷瓶　当代仿清

3、从形制上看。中国色釉瓷器虽然口部造型众多，但在形制上仍然以简洁明快为显著特征，多数以视觉为判断标准，如敞口，顾名思义是指口部向外张的比较大；撇口有一个明显向外撇的过程，概念很大，囊括内容丰富，如侈口、敞口、小口、敛口、大口、圆口、椭圆口、四方口、长方形口等，都有可能是撇口。

4、从器形上看。不同的色釉瓷器会选择相异的器物造型，这一点是明确的，如子母口的造型常会选择盒、炉、钵、瓶等器形（图5-3）；小口则多会选择瓶、盂、壶等。这种选择在色釉瓷器之上广泛存在，并没有明显的规律性的特征，很多情况只是在数量上多少而已，鉴定时应注意分辨。

▲图5-3　小口孔雀绿釉梅瓶　宋代

5、从功能上看。色釉瓷器口部特征在功能上实用、装饰兼备，但不同的色釉瓷器，功能是不一样的，要看以装饰为主还是实用为主。一般情况下以实用器功能为主的青、白、黑等色釉瓷器在口部特征上主要是以实用为先导，兼具装饰功能。而以陈设装饰功能为主的蓝釉、孔雀绿釉、冬青釉、仿哥釉、仿汝釉等色釉瓷器则是以装饰为先导（图5-4），实用功能有时居于次要的地位。这一点很明确，鉴定时应注意分辨。

▲图5-4　天蓝釉瓷器标本　宋代

第二节 唇部

1、从种类上看。中国古代色釉瓷唇部特征种类十分丰富，常见的主要有尖圆唇、圆唇、方唇、尖唇、卷唇、折唇、平唇、厚唇、较厚唇、较薄唇、薄唇、敛唇、撇唇等。由此我们可以窥视到色釉瓷器唇部造型的发达程度。当然，这绝不是色釉瓷唇部造型的全部，从衍生造型上看，中国古代色釉瓷的这些唇部特征并非真正唇部造型的终结，而有着诸多衍生性的造型，如圆唇常见的衍生造型有近圆唇、卷圆唇、圆唇外撇等，这些衍生性的造型判断标准依然是视觉（图 5-5），并没有统一的标准，但都不会超越圆唇的基本造型。我们在鉴定时应注意体会。

▲图 5-5　近圆唇粉黑釉瓷器标本　清代

▲图 5-6　近圆唇孔雀绿釉瓷器标本　宋代

2、从数量上看。中国古代色釉瓷如此繁多的唇部造型种类在数量特征上十分复杂，显然它们并不是均衡的，通常情况下以实用器功能为主的青、白、黑等色釉瓷器多尖圆唇，这种唇部造型集合了尖唇和圆唇的特征，较为中庸，因此成了碗、盘等大宗实用器皿唇部最为常见的造型。当然其他的造型也是时常有见。而以陈设装饰功能为主的蓝釉、孔雀绿釉、冬青、仿哥釉、仿汝釉等色釉瓷器在唇部造型上表现出的则是多样化的趋势，这一点显然与其装饰和艺术品个性化的特征相符（图 5-6）。不过以上特征是从整个色釉瓷史的视角来观察的，因此我们在使用这些鉴定要点时也不能只局限在某一时代和窑口内，一定要综合地看待问题。

3、从形制上看，中国古代色釉瓷唇部在形制特征上并不复杂，多数都是以造型为命名标准，并不需要过多的分析，模棱两可的唇部造型在色釉瓷器中很少见，这应该与诸多色釉瓷器具有官窑性质的特征有关，较为正统，很少模糊。鉴定时我们应注意分辨。同时色釉瓷唇部造型显然未脱离视觉的观察，没有尺寸意义上标准，而且多数色釉瓷器在唇部造型上较为成熟，完美化的倾向十分明显（图 5–7），鉴定时注意分辨。

4、从器形上看。中国古代色釉瓷器物造型特征鲜明，不同的唇部造型常在不同器皿上使用，这一点特别是在以实用为主的色釉瓷器之上表现得非常明显，如，圆唇常在碗、钵、盘等器皿使用，最主要是在色釉瓷碗上常见；尖唇以碗、盘、盏等最为常见，尖圆唇以色釉瓷碗、盘数量最为庞大。且不同时代和窑口的色釉瓷器在唇部上也有差别。鉴定时应注意分辨。

5、从功能上看。色釉瓷唇部的功能特征并不复杂，分实用和装饰两种，或兼而有之（图 5–8）。以实用器功能为主的青、白、黑等色釉瓷器在实用与陈设结合的程度上显然没有以陈设装饰功能为主的蓝釉、孔雀绿釉、冬青、仿哥釉、仿汝釉等色釉瓷器紧密，但显然多数色釉瓷器，特别是高温的色釉瓷器多数具有实用和陈设的功能，只具有装饰功能的低温色釉瓷器在数量上不占优势，属于稀有瓷器品种，我们在鉴定时应注意分辨。

▲图 5–7　圆唇茶叶末釉瓷瓶　当代仿清

▲图 5–8　实用与装饰结合的绿釉瓷炉　宋代

第三节◎沿部

1、从种类上看，中国古代色釉瓷的沿部造型种类十分丰富，常见的主要有折沿、敞沿、卷沿、平沿、敛沿、厚沿、撇沿、薄沿、花口沿等（图 5-9），几乎是集沿部造型之大成。中国古代色釉瓷沿部种类也具有较强的衍生性，如折沿，常常会衍生成斜折沿、平折沿、折沿外卷、折沿下斜、宽平折沿、小折沿等，鉴定时要注意分辨。

▲图 5-9　卷沿孔雀绿釉瓷器标本　明代

2、从数量上看。中国古代色釉瓷器在沿部造型数量上并不是均衡的，有着相当的差异性特征。色釉瓷器主要以平沿和折沿为显著特征，二者结合而成平折沿在数量上也占有一定的优势。花口沿等沿部造型在数量上比较少，这一点无论是对实用器为主色釉瓷器而言，还是对于装饰性为主的色釉瓷器而言，都是这样，鉴定时应注意分辨。

3、从形制上看。中国古代色釉瓷在形制特征上十分明确，以简洁明快为显著特征（图 5-10），多数沿部造型的命名是顾名思义，如，平沿的造型顾名思义就是平坦的沿部，比较直观。平折沿的造型很明确，就是既是折沿又是平沿的造型，视觉很容易判别，可见色釉瓷器在沿部造型上并未脱离视觉的观察，应为视觉的盛宴。多数色釉瓷在唇部形制上已非常成熟，固定化的趋势明显。鉴定时应注意分辨。

▲图 5-10　外撇沿孔雀绿釉瓷盘　宋代

4、从器形上看。中国古代色釉瓷器沿部在器形上的特征较为明晰，不同的沿部常选择不同器物造型，井然有序，如平沿的造型常选择的是香炉、盆、瓶、壶等器皿，其中盆的数量最多；卷沿的造型常选择的是注、壶、执壶等。这一点我们在鉴定时要注意分辨。

5、从功能上看。中国古代色釉瓷器沿部造型的功能特征较为复杂，主要是以实用和装饰的结合为主，如盆上的平折沿，如果仅仅是为了实用，那么使用一种沿部就可以了，没有必要一定要使用标准平折沿（图 5-11）。但在一些专有的装饰性器皿之上的平折沿，如低温色釉器皿之上的平折沿显然在功能上主要是为了突出视觉的美感，像香炉就是这样，其实没有实际的作用，只是为了突出色釉瓷炉的美观大方。这些功能性特征我们在鉴定时应注意分辨。

▲图 5-11　平折沿绿釉瓷炉　宋代

第四节 腹部

1、从种类上看。中国古代色釉瓷的腹部特征种类繁多，常见的主要有鼓腹（图 5–12）、弧腹、浅腹、深腹、敞腹、折腹、球形腹、曲腹、坦腹、斜腹、圆腹、直腹等。中国色釉瓷腹部的种类的复杂性，主要体现在其强烈的衍生性上，如鼓腹就能衍生出数十种，我们随意来看几种，如微鼓腹、近鼓腹、扁鼓腹、小鼓腹、大鼓腹、弧鼓腹、圆鼓腹等，另外腹部造型的复杂性还体现在其交融性之上，互相包容，“你中有我，我中有你”，如弧腹和深腹，就有深弧腹的交融性造型，其他腹部造型也有这样的现象。而也正是这种衍生性和交融性使得色釉瓷腹部种类异常繁多。

▲图 5–12　鼓腹红釉瓷瓶　清代

2、从数量上看。中国古代色釉瓷众多的腹部造型并不具有均衡性的特征，但也并非是无序的，一般情况下鼓腹、弧腹的造型比较常见，这与绝大多数色釉瓷器依然是民窑实用器关系密切，而斜腹、直腹、坦腹（图 5–13）、折腹、敞腹、球形腹、曲腹、棱形腹等一些特殊造型的腹部，则在数量上表现出有限性，

▲图 5–13　坦腹粉青瓷盘　清代

另外，从比例上看也表现出了一些均衡性特征，而且这些腹部特征还受到时代和窑口的限制，以明清时期的景德镇窑最为常见。鉴定时注意分辨。

▲图 5-14　鼓腹汝窑瓷瓶　当代仿宋

3、 从形制上看。中国古代鼓腹的色釉瓷在形制上并不复杂，只是略显繁杂（图 5-14），特别是一些衍生性的造型更是如此，如鼓腹的衍生性造型就有微鼓腹、近鼓腹、扁鼓腹、小鼓腹、大鼓腹、弧鼓腹、瓜棱鼓腹，这些腹部造型需要我们一一去判断，不过形制并不复杂，一般情况下用我们的视觉直接可以判断出来，因为多数腹部造型是依据形状而判别，棱形腹的造型，就是腹部是棱形的，一般是六棱形或者是八棱形的器皿，非常的直观，简单明了是其重要的特征，我们在鉴定时要注意到这一点。

▲图 5-15　鼓腹黑釉瓷罐　宋代

4、 从器形上看。中国古代色釉瓷不同的腹部造型有着不同的器物造型（图 5-15），这一点是显而易见的，不过这一特征往往带有明显的时代特征，如唐宋时期的色釉盒多数是直腹，而不太可能是夸张的鼓腹等造型；但是明清时期瓷盒就不一样了，有直腹的，同时也有弧度较大的弧鼓腹的造型。鉴定时应注意分辨。

5、 从功能上看。中国古代色釉瓷腹部造型在功能上的特征明确，但需要从两个方面来看，从数量上来看是以实用功能为显著特征，兼具有装饰的功能。但从品类上看，显然则是以装饰功能为主，只是兼具有实用的功能，在有些特定的瓷器之上，如低温色釉瓷器之上，腹部实用的功能被排挤到了角落里，近乎丧失。这一点在鉴定时应注意分辨。

第五节 底部

1、从种类上看。中国古代色釉瓷器在种类特征上具有单一化趋势，主要以平底为主，伴随有少量的圜底造型，这种造型的形成与色釉瓷在漫长的历史长河中大多数是作为人们日常生活中的用具关系密切（图5-16）。而明清时期以陈设装饰功能为主的蓝釉、孔雀绿釉、冬青、仿哥釉、仿汝釉等色釉瓷器也自觉不自觉地受到影响。从衍生造型上看，平底的造型并非是一个模式，衍生性也比较强，如底部平衍、平底内凹、平底微凸、大平底、小平底等都有见。鉴定时应注意分辨。

▲图 5-16　平底类汝釉瓷器标本　宋代

2、从数量上看。中国古代色釉瓷器在底部造型上比较明确，就是以平底为主，占据色釉瓷器底部绝大部分。但是从衍生造型上看，平底的造型比较复杂，平底内凹、底部平衍、平底微凸等的造型并不是均衡的，总的来看，以实用器功能为主的青、白、黑等色釉瓷器较为复杂，内凹、平衍、微凸的情况都有，而以陈设装饰功能为主的蓝釉、孔雀绿釉、冬青、仿哥釉、仿汝釉等色釉瓷器则主要是以平衍为显著特征。从大小平底上看，并没有过于规律性的特征。鉴定时应注意分辨。

3、从形制上看。中国古代色釉瓷底部形制特征具有一定的复杂性（图5-17），主要体现在平底的衍生性造型和圜底的判断上，平底内凹的情况很多，主要是内凹的程度不同；而平底凸起情况也比较复杂，凸起的程度不同，有的会形成乳房似的凸起，而有的则是微微凸起，但总体来看色釉瓷器的底部形制依然还是比较简单。从圜底的上看，实际上形制也比较简单。鉴定时应注意分辨。

4、从器形上看。中国古代色釉瓷器底部特征十分明晰，不同的形制主要涉及的器形多数相异，如色釉瓷盆的底部多是大平底，而色釉盏的底部多为小平底。同时也有见相互融合性的造型，如碗的底部既有大平底（图5-18）、也有小平底、更有平衍的造型，内凹和凸起的情况都有，可见几乎是融合了所有平底造型。而圜底的造型则是有着特定的造型，如香炉等常见圜底。鉴定时要注意分辨。

▲图5-17 平底茶叶末釉梅瓶 当代仿清

5、从功能上看。中国古代色釉瓷底部造型功能特征比较明确，以实用和装饰的结合为显著特征，这与从数量上看色釉瓷主要为实用器皿的因素有关。非实用器皿的色釉瓷器，虽然底部没有实际的作用，但是受到传统和造型完整化的影响，其底部特征基本上也是秉承了实用器的造型，这一点我们在鉴定时应注意理解。

▲图5-18 大平底类汝釉瓷器标本 宋代

第六节 足部

1、从种类上看。中国古代色釉瓷足部造型种类比较复杂，常见的有圈足（图 5-19）、饼足、花座足、脊背形足、尖状足、乳足、山字形足、兽足、蹄形足、卧足、小饼足、玉璧足等，色釉瓷器足部造型衍生性很强，如，圈足的衍生性造型可以达到数十种，如暗圈足、薄圈足、多边形圈足、方圈足、敛圈足、小圈足、斜直圈足、窄圈足、矮圈足、高圈足、棱形圈足、假圈足、宽圈足、喇叭形圈足等。

▲图 5-19　圈足类汝釉瓷器标本　宋代

▲图 5-20　圈足黄釉瓷器标本　清代

2、从数量上看。中国古代色釉瓷足部特征在数量上十分清晰，以圈足及其衍生造型的数量最为庞大，其他足部造型在数量具有一定程度的均衡性特征，数量较少，一些足部造型只在特定的时代里出现（图 5-20），如玉璧足的造型只在唐代的青瓷和白瓷上出现，其他时代出现情况很少。鉴定时要注意分辨。

3、从形制上看。中国古代色釉瓷的足部形制特征较为明晰，以简洁明快为显著特征，通常以视觉为判断标准，如，饼足非常酷似烧饼的模样，玉璧足倒置来看就是一块温润玉璧，美不胜收，其他例子不再多赘述。总之色釉瓷器的足部形制特征较为直观化，多数足部造型为视觉的盛宴。

4、从器形上看。中国古代色釉瓷中不同的足部造型会选择相应的器形，只是这一选择是复杂的（图5-21）。从数量上看，在色釉瓷中总量最大的无疑是圈足及其衍生性造型，其所囊括的器物造型也更加广泛，如碗、盘、碟、瓶、罐、壶、注、瓮等都囊括其中，只是在数量上有多寡之分，其中以色釉碗的数量为最多，这与碗为人们日常生活当中每日都要使用的餐具有关。当然除了圈足之外，其他各种足部造型在色釉瓷器皿上出现的频率有一个比较大的落差，如乳足可能多在香炉等器皿上有见，蹄形足也是这样。另外色釉瓷器足部器物造型还有着浓郁的时代特征，这一点在玉璧足上表现得尤为明显，玉璧足多数为唐代所有，如在唐代邢窑的白瓷碗中就常见，在越窑青瓷碗上也偶有见。但在其他时代很少见。鉴定时应注意分辨。

▲图5-21　圈足贯耳红釉瓷尊　清代

5、从功能上看。中国古代色釉瓷足部在功能上的特征较为明确，多数器皿兼具实用与装饰结合的功能，纯装饰性的功能多以低温色釉瓷器为主，高温色釉瓷器多数具有相当的实用性。另外具体的足部造型也昭示出不同的实用性和装饰性，如饼足的造型显然是艺术化的，但同时又是非常稳定和具有实用性的；玉璧足形状的造型是艺术化的。目的是吸引人们的眼球，使人们因其创意为之一振，但同时不失其稳定性和实用的功能。这一点我们在鉴定鉴定时应注意分辨。

第六章 价值判断与收藏保养

背景信息：中国古代色釉瓷器历经数千年之久,从古瓷器的产生直至明清,可谓是源远流长,在漫长的历史长河中,精品力作不断涌现，犹如灿烂星河，星光璀璨,精美绝伦（图6-1）。由此可见,中国古代色釉瓷器无疑具有较高价值,无论其在研究价值、艺术价值、还是经济价值都具有较高水平。这三个方面的价值互为评判的基础，互为支撑，共同构筑了中国古代色釉瓷器的价值体系。鉴定时应注意分辨。

▲图6-1　美不胜收油滴釉瓷器标本　宋代

鉴定要点：

研究价值

中国古代色釉瓷蕴藏着不同时期大量的历史信息，而且越往后期，特别是到了明清时期，色釉瓷器集中涌现，仅品种上就有上百种，这使得我们可以通过色釉瓷复原已经逝去时光的点点滴滴，史实般地复原已逝去的人类社会。色釉瓷器具有较高的自身烧造工艺技术，这些技术有的达到了极限，我们可以通过这些极限来了解和传承制瓷技术（图6-2），以及体会在瓷器烧造极限中所折射出的哲学思想，而这些对于现代文明的延续和发展是一个极大的促进。色釉瓷器所幻化出的精美绝伦的色釉为当代艺术提供了无尽的启迪和源泉,如郎窑红、豇豆红中的“美人醉”、“桃花扇”、“娃娃脸”等釉色无不给人们带来美的极致，以及对于各种色彩的尝试,而这些都是我们需要研究和继承的。另外，对于色釉瓷釉质、胎质、造型等诸多特征的研究，最直接的用处就是会衍生出诸多鉴定依据，从而帮助人们对于留存到今天的色釉瓷断定时代、辨别真伪、判定价值，对色釉瓷器进行有效的鉴定。总之，色釉瓷的研究对于诸多学科都有直接的价值，如历史学、考古、文物学、人类学、博物馆学、材料学等。

▲图 6-2　孔雀绿釉瓷盘　宋代

艺术价值

中国古代色釉瓷在艺术上的成就举世公认，具有相当高的艺术价值（图 6-3），许多色釉瓷精美绝伦，举世无双，达到了历史之最，我们来具体看一下：

1、造型。中国古代色釉瓷器在造型上的艺术成就极为突出，它不仅创造了大量实用性的艺术造型，如碗、盘、碟、钵、壶、瓶等，而且还幻化出了更多艺术性较强的造型，如仅瓶子的造型就有，葫芦瓶、鹅颈瓶、棱形瓶、棒槌瓶、联体瓶等，特别是明清时期增加的色釉瓷器品种，它们尝试了不同的造型可能，因此从器物造型的种类上讲色釉瓷器绝对是集大成。从风格上看，中国古代色釉瓷器造型特点是，以实用器造型为基调，在此基础上逐渐地演化出新的造型，讲究淡雅之美、简洁之美（图 6-4），反对附庸风雅，繁复和矫揉造作，

▲图 6-3　艺术价值较高的孔雀绿釉梅瓶　宋代

▲图 6-4　简洁明快钧红釉瓷盘　宋代

讲究工整性，器壁均匀、弧度流畅。由此可见，中国古代色釉瓷器在造型上的艺术特征鲜明，所体现的是中国人的性格，所追求的是真、善、美的化身，显然在这一点上中国古代色釉瓷器是成功的。鉴定时应注意分辨。

2、釉质。中国古代色釉瓷器以“釉质取胜”，这一点正如它的名字一样是显然易见的，色釉瓷器在釉质上所追求的是极限，如越窑青瓷在六朝时期就达到了青瓷色彩的尽头，可谓是极尽心力，成就极高。唐代的邢窑白瓷中的精致者无论釉质的纯净典雅程度，还是色彩都达到了极致，白如雪，使人犹如幻境，美不胜收。宋代的汝窑不仅烧造出了精美绝伦的天青釉色，而且在釉质的匀净、均匀、细腻程度上都达到了新高。在明清时期色釉瓷器更是集中涌现，出现了众多高温和低温釉色，使人目不暇接，不敢相信这是现实世界里的美，郎窑红、孔雀绿、祭红、茶叶末釉（图 6-5）、祭蓝、豇豆红、矾红、胭脂红、“孩儿脸”、“美人醉”等色釉瓷器，使人流连忘返，震撼这人们的心灵。总之色釉瓷器在艺术上的成就，令人叹为观止，精品力作犹如星河灿烂。

▲图 6-5　茶叶末釉梅瓶　当代仿清

经济价值

中国古代色釉瓷器本身并不存在经济价值，它的经济价值是建立在其研究和艺术价值的基础之上，研究和艺术价值高的色釉瓷器，其经济价值必然也高，反之亦然。鉴定时应注意分辨。但这只是理论，在现实中并不都是那样如意，而受到多种情况的影响和制约，甚至倒置的情况都会出现。具体情况我们来看一下：

1、品相。品相是影响价值规律不能有效发挥的重要因素，如在一些时候我们会看到一些非常好的色釉瓷器（图 6-6），研究和艺术价值俱佳，但品相不好，这显然会影响到其经济价值的发挥，“瓷器发毛分文不值”有些夸张，但难以在市场上交流，价格也会大打折扣。因此品相在中国古代色釉瓷器的收藏上非常重要，甚至是头等大事。

2、稀缺性。中国古代色釉瓷器在数量上的差距非常大，有的可以说是天壤之别，主要表现在品种和官窑器皿之上。从品种上看，青瓷或者是白瓷的数量可以用数万件来形容，但一些稀有的色釉瓷器品种，如郎窑红、豇豆红等瓷器，数量非常之少，可能只有数十上百件，可见其数量差距极大。自然，“物以稀为贵”的价值规律也会在经济价值上起作用，这是我们看到清宫的一些稀有品种瓷达到天价的原因。从官窑上看，官窑生产的色釉瓷器通常是不计工本的制作，在精致程度上无缺陷的器皿（图 6-7），加之宫廷专用，数量非常少，这就导致了官窑器皿稀缺性，符合了“物以稀为贵”的特点，因此一般情况下官窑色釉瓷器在经济价值上都是非常之高。鉴定时我们要注意分辨。

▲图 6-6　天蓝钧釉瓷洗　当代仿宋

▲图 6-7　官窑瓷香炉　当代仿宋

3、精致程度。中国古代色釉瓷从整体上看显然可以划分为精致、普通、粗糙三个等级（图 6-8），但这三个层次对应的多是以实用器功能为主的青、白、黑、黄、褐等色釉瓷器，这样的瓷器在经济价值上主要以精致瓷器为主，如，邢窑精致色釉瓷的研究价值、艺术价值俱佳，而且相比普通和粗糙色釉瓷数量又要少一些，因此占尽了天时、地利、人和，所以其拍卖价格往往都是天价。

▲图 6-8　精致瓜棱形白瓷罐　唐代

普通和粗糙的器皿次之。以陈设装饰功能为主的蓝釉、孔雀绿釉、冬青、仿哥釉、仿汝釉等色釉瓷器在精致、普通和粗糙的层次上并不分明，主要是以精致瓷器为主，普通和粗糙的瓷器很少见到。这样的瓷器在经济价值上一般情况下都比较高。鉴定时应注意分辨。总之，精致的瓷器价格高，是人们所追捧的，而且具有很大的升值空间。普通瓷器具有保值功能，但在升值的潜力上由于数量太多，多数情况下不是很大（图6-9）。粗糙瓷器在市场上目前价格偏低，原因是研究价值和艺术价值都不是很高，而且多存在一定的缺陷，数量又多，价格表现不是很好，但适合初涉收藏的人士收藏。鉴定时我们要注意分辨。

▲图 6-9　精致茄皮釉瓷器标本　清代

▲图 6-10　红釉瓷器标本　清代

4、残件。中国古代色釉瓷器在漫长的历史长河中经历了太多的磨难，留存到今天的色釉瓷在数量上最多的还是残件，多数已经成为碎片。随着人们对色釉瓷认识的加深，以及色釉瓷残件上客观存在着的研究价值和艺术价值，色釉瓷残件同样具有经济价值，只是不同的色釉瓷器在经济价值上的表现程度不同而已。这种表现程度的不同主要体现在数量，从数量上看呈现出反比，数量越多的色釉瓷器残件，在经济价值上越低，反之则越高。近些年来有一些残瓷被推到了前台进行拍卖，成交还好（图6-10），我们在购买时要注意这一规律性的特征。

收藏保养

当您收藏到一件满意的色釉瓷器之后，保养自然就成了头等重要的事情，原因很简单，无论是那一个历史时期的色釉瓷器都是经历了岁月的浮沉，历经沧桑风雨才呈现在我们面前，不堪再忍受到伤害。虽然瓷器在自身保养上具有许多优势，如硬度大、不吸水等特点，但对于色釉瓷器而言，除了高温釉外，还有低温色釉瓷器，由于烧造温度低，无论是釉色和还是胎体都极易受到伤害，一旦受到磕碰，或者较大的外力，立刻就会形成磕碰痕，或者碎掉，一件价值连城的色釉瓷立刻变成了标本，不再有收藏价值，这一点听起来像是天方夜谭，但在现实中这种事故时有发生。为了避免事故的发生，本书结合作者多年来在博物馆库房工作过的经验，对于瓷器的保养提出一些建议，以供读者参考：

1、防止磕碰。对于中国古代色釉瓷器而言，轻拿轻放是防止磕碰的重要原则（图 6-11），切勿敷衍。在接触色釉瓷器之前，一定要先做好预案，用软

▲图 6-11　有磕碰蓝釉瓷罐　宋代

布在桌子上铺好，之后再进行把玩。一般情况下尽量少移动藏品，如博物馆中的藏品放在库房或者展柜当中长达几年甚至更长时间不移动的情况很多，就是为了给其一个稳定的环境，便于对其进行保护。

2、注意清洗。清洗是收藏到色釉瓷器之后很多人要进行的一项工作，这出于现代人的卫生习惯。在清洗的过程当中首先要保护色釉瓷器不受到伤害，不要将色釉瓷器直接放到自来水中清洗，自来水中的多种有害物质会使瓷器釉面受到伤害。通常应将其放入纯净水中进行清洗，待到土蚀完全溶解后，再用棉球将其擦拭干净。遇到未除干净的瓷器，可以用牛角刀进行试探性的剔除，如果还未洗净，请送交文物专业修复机构进行处理，千万不强行剔除，以免伤及釉面，这一点我们在收藏时一定要注意。

3、擦拭浮尘。您所收藏到的色釉瓷器经过一段时间后表面会形成浮尘，这是不可避免的，通常人们喜欢像擦玻璃似地擦拭瓷器，这是不正确的，不要用抹布进行擦拭，一些有害物质会伤害到瓷器的釉面。一般情况下用鸡毛掸子轻弹一下就可以了。但这是一项熟练工的技术，最好是专人进行管理这项工作，不然鸡毛掸子随意弹也很容易出问题（图 6-12）。另外，不要对色釉瓷釉面上的土锈及疤痕用指甲扣、搓等，特别是对于低温色釉瓷器，用手一扣有时色釉就下来了，伤害到的您的藏品。鉴定时应引起注意。

4、相对温度。保存色釉瓷器的相对温度与其他瓷器并无异样之处，对于温度要求也不是很高，一般情况下应不超过 45 摄氏度为宜，但最高不要超过 55 摄氏度，如果是修复过的器皿，一旦超出 55 摄氏度的高温，会使胶水和热容条等溶化，从而瓷器就会有支离破碎的危险。鉴定时应注意分辨。

5、相对湿度。中国古代色釉瓷器在相对湿度上一般应保持在 50% 左右，如果相对湿度过大，一些受过伤的胎体就会受到水的侵袭，水会沿着哪怕是再微小的裂缝进入到色釉瓷体内，如果温度下降至零度以下，就会产生巨大张力，从而导致不可想象的严重后果。

关于中国古代色釉瓷器收藏保养十分复杂，知识还有很多，以上的几点只是对于没有任何收藏保养经验和条件的收藏者而言,过于专业的知识在这里就不再赘述。总之，收藏者对于色釉瓷的保养要重视，使这些精美绝伦的色釉瓷器能够历久犹新，是我们每一个人的愿望。

▲图 6-12　白釉瓜棱形瓷罐　唐代

下篇

黄釉瓷

第一章 综述

数量

黄釉瓷器是中国古代最主要的日用瓷，墓葬和遗址内都有出土（图1−1）。墓葬出土多以1到2件为主，遗址出土数量众多，以窑址和城址出土为主。窑址内数千件的情况不鲜见，城址内黄釉瓷器也比较密集，数量相当多，基本上与青瓷、黑瓷等并驾齐驱，在特定的时代里交错出土，如唐代出土数量就特别多，唐代国际性大都市扬州城遗址之上可以看到堆积较丰的黄釉瓷器。由此可见，黄釉瓷器总量在规模上有一定的量。但总体来看，显然比青瓷和黑瓷的出土数量要少，从窑口上看，以黄釉瓷器受安徽寿州窑的影响比较大，受此窑影响的黄釉瓷器在历史上最为常见，虽然在明清时期可能在工艺上比较好，官窑黄釉瓷器在工艺上精益求精，几无缺憾，但受到传统黄釉瓷器的影响，这是主流（图1−2）。从时代上看，唐五代时期最为流行，宋元时期略逊，明清时期数量依次递减。鉴定时注意分辨。

▲图1−1　黄釉瓷碗　六朝

▲图1−2　黄釉瓷注　唐代

品相

黄釉瓷器深度民窑的主体性质，加之距离今天的时间比较久远，在品相上表现出来的是参差不齐。遗存到今天的黄釉瓷器既有完好无损、精美绝伦之器，更有残缺不全，损失严重者（图 1-3），不过从数量上看，品相好的黄釉瓷器并不占优势，与青瓷、白瓷相比显得逊色，当然主要原因是黄釉瓷器在当时烧造它的时候就是以普通和粗糙瓷器为主，精致瓷器很少见，所以到了今天，即使不残损的瓷器在品相上也是平平，何况黄釉瓷器穿越了漫长的岁月长河，由于保存环境等多方面因素的限制，完整的黄釉瓷器多以墓葬出土为主，数量很少，多数现存的黄釉瓷器为残缺的器皿，只是残缺的程度不同而已。由此可见，黄釉瓷器藏品以品相好的精品为极致（图 1-4），保值和升值的潜力都非常大，即使普通的瓷器，只要是完好无损的也有很高的收藏价值，粗糙的黄釉瓷器价值不高，原因是品相好者少，而且数量又多，历史上遗留下来大量的黄釉瓷器都是粗糙的器皿。残缺的黄釉瓷器，其价值就大打折扣。当然，随着人们审美观念的改变，以及残缺黄釉瓷器所拥有的科研、艺术等价值的客观存在，近些年来黄釉瓷器残瓷也逐步被人们认可，有一定的收藏价值，但未来升值的空间不大，黄釉瓷器还是以收藏精品为主。鉴定时要特别注意。

▲图 1-3　残缺黄釉瓷器标本　唐代

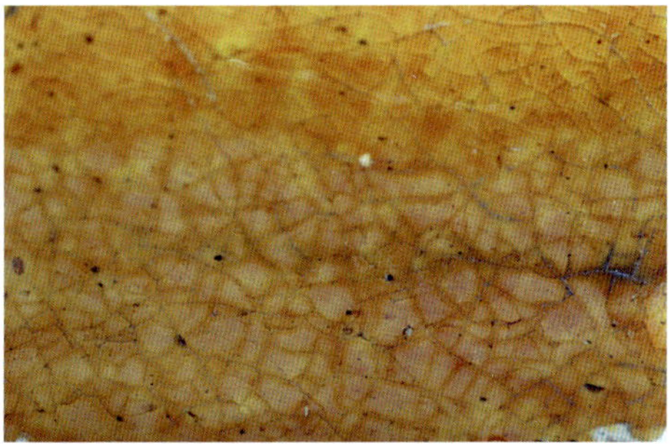

▲图 1-4　釉质细腻黄釉瓷器标本　唐代

胎色

黄釉瓷器的胎体色彩异常复杂，常见的主要有红胎、粉红胎、白胎、灰白胎、褐胎、灰白泛黄、灰黄等，可见其胎色种类繁多，也很较杂，与传统有着较大的改变。很显然，青色调的胎色减少了，取而代之的黄色或者是灰白泛黄的基本色调。究其原因，应该是隋代的还原焰改为了氧化焰，导致多数胎色由青灰变为黄色，如唐代寿州窑黄釉瓷器在胎色上基本上就是以黄色胎体为主色调。当然，还有一个重要原因，就是由于黄釉瓷器极度的民间性质，在选料和淘洗上不是很精细，特别是由于原料的粗略，有的黏土胎烧造出来的胎色本身就是黄褐或者是橙红色（图 1–5）。从精致程度上看，黄釉瓷器在胎色上特征并不是很明显，没有过于规律性的特征。黄釉瓷器在胎色上并不是很纯正，如红胎、粉红胎、白胎等，并不是真正意义上的色版一块，如红胎多呈现出泛红胎和泛粉红胎，白胎在色彩上的衍生性就更为复杂了，如白胎经常可以串到灰白胎，有时会串到灰白泛黄等的色彩之上。从窑口上看，不同窑口的黄釉瓷器实际上在胎色上基本相似，它们之间有

▲图 1–5　橙红胎黄釉瓷器横截面　唐代

▲图 1-6　白胎黄釉瓷寿桃　明代

微小的区别，但差别总体上不大。从时代上看，不同时代在胎色上有一定的区别，但差异性不大，特别是同一个时代黄釉瓷器在胎色上相似性更强，唐代与宋代有差异性，但唐代和元代差异性可能会大一些，而与明清时期的差异性可能会更大，显然，胎色与时代差异性在严重程度上的关系是呈正比（图 1-6）。本书将专门用一个小节来对黄釉瓷器胎色特征进行阐述，以帮助读者打开胎色鉴定的法门。

釉色

黄釉瓷器的色彩是一个复杂的集合体，它并不是像它名字那样单纯，黄釉瓷器是黄色调釉色的总称，常见白釉色彩有黄釉、黄褐、黄灰、黄绿、黄釉泛绿釉、黄中泛白釉、黄中泛灰釉、姜黄釉、米黄釉、闪黄釉等。由此可见，黄釉瓷器在釉色上相当丰富，显然都是在黄色为基调之下的衍生色彩，具有相当的独立性和稳定性（图1-7）。黄釉瓷器有一些有着特定的时代特征，还有一些有着特有的造型限制，如瓷熏炉之上就常见姜黄色，如“唐代瓷熏炉，95 H G L M 2:11 余施姜黄釉”（郑州市文物考古研究所、巩义市文物保护管理所《巩义铝厂唐墓发掘简报》，《中原文物》，2004年4期）。虽然这些特点并不绝对，但是这些繁复的色彩自然成为众多的鉴定依据，根据不同的釉色，就可以剥离出众多的鉴定要点，以此来鉴定黄釉瓷器；从时代和窑口上看，没有过于规律性的特征，不同时代、不同窑口的黄釉瓷器在釉色上基本相当，但具有不均衡性的特征，主要表现在不同窑口擅长烧造的色彩不同，如寿州窑善于烧造鳝黄、蜡黄、黄绿色彩，而与之同时期的肖窑则喜烧造焦黄的釉色，不同时代的窑口可能差异性更大一些。本书将从多个方面来揭示黄釉瓷器釉色（图1-8），并设计了大量图文的互动，并进行了详细的论述，希望能够使读者游刃有余地进行对比鉴定。

▲图 1-7　色彩稳定黄釉寿桃　明代

▲图 1-8　黄釉瓷器标本　唐代

窑口

黄釉瓷器在窑口上具有鲜明的特征，唐代寿州窑将黄釉瓷器烧制成功，黄釉瓷器异样的色彩很引人注目，一经烧制成功便受到人们的青睐，以致寿州窑改变了原先生产青瓷的传统，因为在隋代寿州窑实际上是以烧造青瓷为主的窑场，而到了唐代变成了主要烧造黄釉瓷器的窑场，由此可见，黄釉瓷器在其刚刚产生时的强大生命力（图 1–9）。寿州窑址在今天的安徽省淮南市附近，由于产品供不应求，生产量特别大，但质量一般，这显然与其深度民间窑场的性质有关，因为寿州窑的目的并不是烧造过于精致的产品，而是烧造最实用、成本最低，而且在色彩上又能最先吸引人眼球的瓷器，因此以鳝黄、蜡黄、黄绿等色彩为主，这些色彩显然比传统青瓷的色彩鲜亮的多，在黄釉瓷器中也是较为鲜亮的，目的显然是为了引人注目。但做工不是很精细，釉色并不是很稳定，胎釉很多有剥落现象，造型主要有碗、盏、钵、枕等，都是一些人们在生活需求量比较大的日用品。从黄釉瓷器的规模上看，

▲图 1–9　绞胎黄釉瓷器　宋代

寿州窑黄釉瓷器显然取得了巨大成功。但寿州窑黄釉瓷器显然没有形成巨大的窑系，也有不少窑场仿造，如河南密县窑、郏县窑以及山西的浑源窑等都有烧造，但都是一味地模仿，并未形成独立的风格，所以还不符合瓷窑系统的显著特征。另外，唐代在寿州窑不远的地方，还有肖窑也在生产黄釉瓷器，产量也比较大，这个窑场在金代才停止烧造。实际上黄釉瓷器在唐代之后便呈现出滥觞的局面（图 1-10），黄釉瓷器是瓷器的一个重要品类，很多窑场在烧造时都有这个产品。时代及窑口的特征变得越来越模糊，这一点我们在鉴定时要注意分辨。

▲图 1-10　寿州窑普通黄釉瓷碗　唐代

功能

黄釉瓷器在功能上还是比较清晰，以实用为主，这一点确信无疑，另外兼具陈设装饰、把玩的功能，具有鲜明的时代特征。从发掘的器物来看，唐五代时期的黄釉瓷作做为人们日常生活的器具，多种实用功能，是人们每日每餐都要使用的进食器，黄釉瓷器盘承担着盛菜的功能，黄釉瓷器盒担任着盛放脂粉的功能，黄釉瓷枕是人们的寝具等。可见黄釉瓷器在人们生活中的功能很多，其他的功能则退居在极为次要的地位。宋元时期基本上也是这样，但随着时间的继续推移，明清时期有很多黄釉瓷器的功能发生了一些变异，装饰的功能得到相当程度的加强（图 1-11），如，明代黄釉瓷器，黄釉瓷碗、盘等，工艺相当精致，官窑烧造，在宫廷中使用，变成了精美绝伦的艺术品，陈设、装饰、把玩的功能占据主导地位。因为低温烧造的黄釉瓷器显然实用的功能非常有限。当然这与明清时期青花瓷的兴起将青、黑、白等诸多传统瓷器品种都排挤出日用品市场有关。而由于人们对于这些传统的瓷器久久不能忘怀，在复古主义思潮之下这些传统瓷器被少数化、工艺化、精致化，走入宫廷，成为人们赏玩的器皿，只是兼具实用功能。由此可见，黄釉瓷器的功能并不是一成不变的，而是随着时代的变化被赋予了新的内涵，鉴定时我们要注意这种变化。相信这会对读者有所帮助。

▲图 1-11　实用与装饰结合紧密的绞胎黄釉瓷枕　唐代

收藏保养

黄釉瓷器的保养是一个比较复杂的问题（图 1-12），同时也是一个喜悦和沉重交织在一起的话题，喜悦的是如果我们保养得好，能够满足收藏者陈设、欣赏、把玩的需要，沉重的是如果保养得不好，黄釉瓷器被损坏，不仅是经济上要受到巨大的损失，应了古玩界的行话“瓷器发毛，分文不值”魔咒，而到了我们的手中却损坏了，是一件极为遗憾的事情。如何解决黄釉瓷器的保养问题呢？本书依据黄釉瓷器的一些特点，结合在博物馆库房长期工作过的经验，总结了一些最基本的特点，供大家参考，本书认为保养尤为重要的有四点：

▲图 1-12　精美绝伦的黄釉瓷玩具　唐代

▲图 1-13　精美绝伦的黄釉瓷罐　唐代

1、减少移动

2、防止磕碰

3、控制温湿度

4、谨慎清洗

以上四点，在正文中本书会进行详细的论述。黄釉瓷器的保养是一个相当复杂和科学的问题，有很多工作要做，并不是这四点就能解决所有问题。但本书论述问题极为现实，旨在帮助不懂得任何黄釉瓷器保养知识的收藏者，在没有专业条件下如何度过保养关（图 1-13）。一些过于深邃或有争议的问题，还处于研究阶段，不在本书讨论的范畴。总之，如果通过努力能使社会上留存的这些精美绝伦的黄釉瓷器不再受损，这是我们所有人莫大的欣慰。

第二章 完残

完好

▲图 2-1 精致黄釉瓷碟 宋代

黄釉瓷器中完好无损者，墓葬和遗址中都有出土，墓葬出土多为 1 到 2 件，遗址出土的数量很少，特别是在城址内出土成千上万件黄釉瓷器之中，有时也不见得有 1 到 2 件完好器（图 2–1）。综观唐五代、宋元时期黄釉瓷器完好与破碎之间的界限主要在于保存环境的区别，有的在几千年的风雨岁月中一直深埋于墓穴当中，未受到任何破坏，出土时会完好无损，但有的城址当中没有空间，被叠压在土壤环境内，受到来自风雨的侵袭，以及历代城市建设的破坏，所以对于大一点的器皿来讲，保存完好的可能性几乎没有，但不排除一些小的器皿逃生的可能性。从窑口上看，完好的器皿更是少，窑口基本是以残缺的器皿为主，突然尘封的可能性不大，多是一个被逐渐废弃的过程，所以从理论上讲完好器不可能就被尘封在窑口之内，而我们能够在窑口上发现遗存多数是当时被人们处理掉的垃圾碎片，或者是没有烧好不能用于销售的残器，因此从窑口特征上看，保留下来的完好器皿的可能性几乎为零。黄釉瓷器在时代特征上较为简单，没有证据表明那个时代的黄釉瓷器的完好器皿的比例较大，从比例上看具有相当大的偶见性和不确定性，但从总量上看特征很明确，显然是唐五代时期，其次是宋元时期，最后是明清时期，不过明清时期的官窑用黄釉瓷器在数量上极为有限，而且多被存放在博物馆中。市场间的藏品，我们一定要慎重，在购买时一定要先辨明真伪。鉴定时我们注意分辨。

残缺

黄釉瓷器残缺的概念比较容易理解，就是有残器，而且有一部分缺失。从程度上看，残缺 可以分为严重残缺和轻微残缺两种情况。我们具体来看一下：

1、轻微残缺。轻微残缺的黄釉瓷器比较常见，缺失的部分很少，如口部少了一块，足部有磕碰痕迹等，其有一个重要的标准就是可以复原，只有极个别的器皿不能复原（图 2–2）。从数量上看，黄釉瓷器轻微残缺的情况比较严重，可以说频频有见，从总量上看，轻微残缺在数量上显然大于完好器，不过与严重残缺的情况相比在数量上明显不占优势。从时代上看，轻微残缺的黄釉瓷器在隋唐五代各个历史时期数量都比较丰富，直至明清，并无过于复杂化的时代特征。从窑口上看，黄釉瓷器轻微残缺与否主要与保存的环境息息相关，与窑口的关联并不明显。

▲图 2–2　轻微残缺但不能恢复原形的黄釉瓷盏　唐代

▲图 2-3　残缺严重的黄釉瓷器标本　唐代

2、严重残缺。中国古代黄釉瓷器中严重残缺的情况比较多，这种情况以遗址出土为主要特征，其显著特征是残缺比较严重，所剩内容不多，有的剩下手掌心那么大的一块残片，有的可能还要小，其他部分无法找到，也无法复原，从数量上看，严重残缺的器皿几乎占到整个黄釉瓷器遗存的大部，看来黄釉瓷器经历过千年沧桑之后，完整器异常少见。从时代上看，以唐五代和宋元时期为多见，明清时期数量偏少。从窑口上看，严重残缺的黄釉瓷器在时代上并无过于复杂的特征。比例关系上看，基本上呈现出均衡发展的趋势（图 2-3），唯独可能是明清景德镇官窑黄釉瓷器严重残缺的情况好一些。鉴定时要注意分辨。

复原

顾名思义，可复原器就是可以恢复到原来的造型。可见可复原器首先是一种残器。复原的方法很简单，主要有自然复原和模具复原两个。

自然复原主要是指有残,但没有缺的黄釉瓷器,如一件器物碎成了数百片，但只要这些碎片没有缺失，那么就可以将其一块块地拼接成一件完整的器皿,恢复其原有的面貌,这样的复原称之为自然复原，实际上这样的复原也不是简单的事情，不是随意而就的事情，主要是因为有的残片很相似，容易造型混乱。模具复原主要是指对于有底有口沿器物，借助模具将一面有底有口沿的部分打下来，理论上无数个这样的模子就能将黄釉瓷器复原，这种复原较为复杂（图2–4）。从数量上看，这类黄釉瓷器时常有见，墓葬和遗址中经常可以看到，数量还算是比较丰富。从时代上看，黄釉瓷器可复原器具有鲜明的时代特征，唐宋和金元时期都很常见，明清时期的官窑黄釉瓷器很少见。从窑口上看，著名的寿州窑及其他窑口都比较常见。总之，可复原器是黄釉瓷器的重要组成部分，具有重要的研究价值。还要注意的是，这样的器皿经常被一些作伪者修复后以次充好来牟取暴利，具有很大欺骗性，我们在鉴赏时应注意分辨。

▲图 2–4　可复原黄釉瓷碗（外壁）　明代

缺失

缺失的概念与复原相对，比较容易理解，就是指黄釉瓷器有残缺，而且残缺的部分不能再找到，从而导致无法复原。不可复原的黄釉瓷器数量众多，墓葬和遗址内都有，但墓葬所见数量较少，以城址居多(图2-5)，从时代上看，黄釉瓷器数量相差比较大，唐宋、金元时期比较多，明清时期比较少见。从精致程度上看，由于缺失具有较强的偶发性特征，与精致程度之间的关系不大（图 2-6），所以精致、普通、粗糙

▲图 2-5 缺失黄釉瓷器标本 唐代

▲图 2-6　缺失黄釉瓷碗　明代

的黄釉瓷器都可能出现缺失的情况。从造型上看，造型复杂的黄釉瓷器缺失的可能比较大，而相反则小，如一个黄釉瓷碗即使在再恶劣的环境下保存，也是很容易留下口沿至碗足的一个片状部分，为复原留下依据；但如瓷执壶等造型稍微复杂一些的造型就不是这样了，如果流失丢失就很难复原。另外体积较小黄釉瓷器可复原的可能性较大，反之则不易。鉴定时应注意分辨。

裂缝

黄釉瓷器中有裂缝的情况有见，裂缝的成因比较复杂，多为外力所致。通常黄釉瓷器经受不住巨大的震动而产生裂缝，胎体分离，但又未达到破碎的程度，形成裂缝。另外还有一种情况是器物完全破碎，但经过修复后可以拼接起来的情况，这样的黄釉瓷器可以说裂缝非常之多，有的是几百块拼合在一起形成的裂缝，但一经修复后完好如初，基本上看不出来，但这种修复显然不是博物馆内的展览修复，而是一种商业修复，目前市场上有很多收藏品就是这个概念，看起来完好无损，但实际上胎体有裂缝，是拼接成器的，我们在购买的时候要注意分辨。另外还有一种修复叫展览修复，就是博物馆中用于展览的黄釉瓷器，这类瓷器的修复显然不掩饰任何修复痕迹，通常都能很清晰地看到裂缝形成的过程。辨别它们方法一般有两种：

第一是听声音，完好的黄釉瓷器叩之可发出清脆悦耳的金属声，有裂缝的黄釉瓷器声音听起来沉闷、沙哑。

第二是做检测，一些光学仪器可以清晰地穿透经修复过的釉面看到釉内是否有裂缝。这种方法也比较简单，必要时可以做这样的检测。

其实做一些检测是必要的，尤其是黄釉瓷器在各种色彩中比较容易被调试，天衣无缝者时常有见，经常可以看到修复的很好的黄釉瓷器。不过修复好的瓷器一般不要过于观摩和把玩，不然很容易露出裂缝。色彩只有慢慢地调试，可以无限接近的原色，但永远无法达到原色。这也是文物修复在色彩上的复杂之处。从时代上看，有裂缝的黄釉瓷器在各个历史时期都有见，这似乎由其偶发性的特征所决定。从虚构器皿上看，近年来由于收藏热的兴起，在暴利的驱使下出现了一些虚构的瓷器，就是对残瓷进行虚构想象后，进行修复，碗、盒、瓶等器皿都常见，由于其一部分是真的，所以有的时候很难辨别，不过这样的器皿一定都有裂缝，对于这样的器皿我们要引起充分的注意，应从多个方面进行辨识。

变形

黄釉瓷器的造型技术已经十分娴熟，可以制作出许多高难度的造型。黄釉瓷器从选料、淘洗到胎体厚薄设计、成型等诸多方面都比较重视，所以在成型上出现问题的情况很少见，几乎没有发现黄釉瓷器胎体上有变形的情况，胎体变形应该在黄釉瓷器中被认为是很严重的缺陷，因为在窑址上发现一些变形的器皿，很有可能是在当时打碎不再进行销售的产品（图2-7）。从时代上看，黄釉瓷器在时代特征上并不复杂，唐五代和宋元等各个历史时期都较为鲜见，以偶见为主。从窑口上看，著名的寿州窑、肖窑河南密县窑黄釉瓷器中很少见变形者，明清时期的景德镇窑更是少见。从精致程度上看，黄釉瓷器精致程度与变形现象从理论上讲有一定的联系，但从实际情况来看其实联系并不紧密，因为本身就很少见到变形器。鉴定时应注意分辨。

▲图 2-7　变形的黄釉瓷碟　宋代

土蚀

黄釉瓷器有土蚀者有见（图 2-8），墓葬和遗址内都有出土，但件数不多，多为 1 到 2 件，遗址有见数件的情况，但有极大的偶然性。黄釉瓷器土蚀的概念比较复杂，土蚀的程度深浅不一，不能清洗掉的土渍应该就形成了土蚀。黄釉瓷器上的土蚀主要是受环境的影响，如潮湿、氧化等化学反应，导致一些土锈不易清除。土蚀的出现没有规律性可言。从地域上看，黄釉瓷器土蚀的地域特征明显，以南方地区较为严重，比较两个地方的瓷器，如在南京许多瓷器之上带有土蚀，及各种各样的被侵蚀的痕迹，但在河南洛阳等地可能这种现象就少得多。原因就是南方雨水多，气候潮湿，而北方地区黄釉瓷器在干燥的环境下保存自然要好一些，土蚀上不是很严重，诸多黄釉瓷器根本就没有土蚀。南方地区土蚀的程度往往比较严重，在器物表面形成面积较大的土蚀，北方地区往往是比较轻微，有土蚀的黄釉瓷器多数是局部的，面积很小。从时代上看，黄釉瓷器有土蚀具有偶发性特征，所以无论从那个时代来看只要保存环境有问题，就有可能出现这种情况，所以在时代特征上没有规律性的特征。这一点我们鉴定时要注意分辨。

▲图 2-8　轻微土蚀黄釉瓷碗标本　唐代

磕伤

黄釉瓷器磕伤者有见，磕伤就是由于磕碰形成的伤痕，如口唇磕伤、圈足磕伤、腹部磕伤、口沿磕伤等（图2-9）。黄釉瓷器中磕伤者十分常见，这与其深度民间窑场的性质关系密切，因此在使用的过程当中，如碗、盘、碟等都很容易受到各种磕碰，这一点应该很好理解，从墓葬和遗址当中出土的器物来看也的确是这样，有诸多磕伤的痕迹显然都是当时所为。由此可见，磕伤的黄釉瓷器从总量上看有相当的量。另外就是在保存环境中出现磕碰痕迹，如在墓葬当中受到的损坏，但这种损害一般比较严重，磕碰痕迹比较明显。再者就是收藏者对于它们的伤害，

▲图 2-9　轻微土蚀黄釉瓷碗标本　唐代

不过这种伤害多是把玩不小心造成的，通常不是很严重，都是新茬，它所带给我们的是无尽的遗憾，以及历史的负罪感，因为在经历了千年的岁月长河都没有损坏，反而到了我们手中损坏了。黄釉瓷器的时代特征比较明晰。由于缺陷的偶发性，所以并不具有规律性的特征。同样从精致程度上看也是这样。这一点我们在鉴定时要注意分辨。

第三章 釉色

黄釉

背景信息：黄釉瓷器十分常见，墓葬和遗址内都有出土，多为1到2件，遗址出土数量比较多，数十上百件的情况都有，为中国古代最主要的瓷器釉色之一，也不乏精品力作。鉴定时应注意分辨。

鉴定要点：

1、从色彩上看。黄釉瓷器在色彩上属单色，实际上黄釉瓷器是一个统称，包含很多，如黄褐釉、姜黄釉、米黄釉、焦黄釉等（图3-1），都属于黄釉瓷器的范畴，从这一点看，这里所指的黄釉瓷器显然是指一种普通黄釉的色彩，区别于其他的黄釉色彩。黄釉色彩未达到相当高的烧造水平，在色彩上表现平平，具有浓郁的民窑烧造瓷器特征，色彩稳定，但有一定的串色和偏色现象，不过多是局部的，还不至于影响到黄釉色彩的主色调。

▲图3-1　黄釉瓷侍女俑　明代

2、从时代上看。黄釉瓷器在时代特征上没有规律性的特征，唐五代、宋元时期都有，而且数量不少。明清时期民间土窑所烧造瓷器中常见，官窑器皿中十分少见，偶有见十分精致。其主要的生存年代在唐初到元代这一历史时期，看来时代跨度还比较长。

▲图 3-2　青黄釉瓷瓶　唐代

3、从窑口上看。中国古代黄釉瓷器窑口特征并不鲜明，著名的寿州窑以烧造鳝鱼黄及蜡黄为显著特征（图3-2），普通的黄釉色彩有见，但不是主流。肖窑以烧造焦黄色为主，普通黄釉瓷器兼顾，看来普通黄釉色彩在窑口上没有固定化，而是呈均衡性特征，各个窑口都烧造，但多为兼烧。鉴定时应注意分辨。

▲图 3-3　普通青黄釉瓷盏　唐代

4、从光泽上看。黄釉瓷器在光泽上的特征比较明显，光亮和黯淡并存，在明暗程度上表现很不一致，但光泽淡雅，柔和，没有所谓的贼光，通体闪烁着非金属的油性光泽。

5、从精致程度上看。基本与精致瓷器无缘，多以普通和粗糙的瓷器为显著特征（图3-3），这与其民窑性质密不可分。鉴定时我们要注意分辨。

黄褐釉

背景信息：黄褐釉瓷器时常见到，墓葬和遗址内都有出土，墓葬出土多为 1 到 2 件，遗址出土数量多一些，有数十件。

鉴定要点：

1、从色彩上看。“黄褐”釉色并非与生俱来，而是黄与褐两种色彩完美地融合在一起，形成了一种新的色彩，稳定性比较好，偏色和串色情况都有见，但不是很严重，当然这是由黄釉瓷器作为日用品的地位所决定的（图 3-4），色彩看来还是比较随意，迎合的只是人们的视觉，鉴定时应注意分辨。

▲图 3-4　基本无偏色黄褐釉瓷罐　唐代

2、从时代上看。中国古代黄褐釉具有鲜明的时代特征，从初唐开始，宋元以降，明清时期都有，在流行程度上较具均衡性，各个时代从比例上看基本相似，可能唐代多一些。

3、从窑口上看。黄褐釉瓷器窑口特征不是很复杂，唐五代时期以寿州窑为主，宋元时期的各大窑口也都有生产，明清时期土窑烧造比较多，景德镇御窑场很少烧造黄釉瓷器。鉴定时应该注意分辨。

4、从光泽上看。黄褐釉瓷器在光泽上以淡雅为显著特征，但这种淡雅并非意味着黯淡，光泽柔和，润泽，油脂感比较强烈，通体闪烁着非金属的油性光泽。

5、从精致程度上看。中国古代黄褐釉瓷器与精致程度的关系疏远，由于明清时期宫廷用瓷不尚黄褐釉色，这就造成了精致瓷器中很少见到黄褐釉的色彩，而主要以普通和粗糙的器皿为主（图 3–5）。

▲图 3–5　普通黄褐釉瓷碗　六朝

黄绿釉

背景信息：黄绿釉瓷器在黄釉瓷器中常见，墓葬和遗址内都有，出土数量多为1到2件，遗址偶有大量出土。

鉴定要点：

1、从色彩上看。黄绿釉（图3-6）在色彩属性上是一种复色，黄色与绿色完美的结合，形成了一种独立的色彩。由于民间窑场性质，黄绿釉瓷器的色彩显然不是很纯正，有一定的偏色现象。鉴定时应注意分辨。

▲图3-6　略微偏色黄绿釉瓷盘　明代

2、从时代上看。唐代黄绿釉瓷器较为丰富，在墓葬和遗址中时常见，特别是遗址之上黄绿釉的瓷器到常见。五代时期少一些，但基本延续了唐代的特征，宋元时期黄绿釉时常有见，但大规模出现的情况很少。明清时期也是这样，官窑低温黄釉瓷器中很少见到黄绿釉的瓷器，这一点我们在鉴定时要注意分辨。

3、从窑口上看。黄绿釉瓷器在窑口上具有普遍性的特征，可以说各个窑口都有（图 3-7），只是出现的频率差异很大，不过黄绿釉瓷器在这一特征上十分明显。唐代著名寿州窑生产的黄釉瓷器的釉色质量上乘，与蜡黄、鳝黄齐名，而历史上其他的窑口则没有这样的一种特征。

4、从光泽上看。黄绿釉瓷器在色彩上局部有一定程度的失亮，但不严重，伴随着一定程度的油脂光泽，看上去淡雅润泽，美不胜收。

5、从精致程度上看，从发掘情况来看，精致瓷器基本上都少见，主要以普通和粗糙的瓷器为显著主。鉴定时注意分辨。

▲图 3-7　黄绿釉瓷盘标本　明代

姜黄釉

背景信息：姜黄釉瓷器在中国古代黄釉瓷器中有见（图 3-8），“唐代瓷熏炉，95 H G L M 2:11 余施姜黄釉”(郑州市文物考古研究所、巩义市文物保护管理所《巩义铝厂唐墓发掘简报》，《中原文物》，2004 年 4 期）。但这样的例子并不多见，墓葬和遗址内偶见，总量并不大，只能说在黄釉瓷器中有这种釉色而已。

▲图 3-8　姜黄釉瓷器标本　明代

鉴定要点：

1、从色彩上看。姜黄釉瓷器概念比较容易理解，属单色范畴，顾名思义像生姜一样的颜色，色彩均匀，比较稳定。人工色彩能够达到这样程度，对于黄釉瓷器这一具有深度民窑性质的窑场实属不易。偶有串色现象，也是可以理解的。鉴定时要注意分辨。

2、从时代上看。六朝时期就有，显然不很成熟。唐代这一色彩烧制成熟，经历代而不衰（图 3-9），但在数量上未形成燎原之势。

3、从窑口上看。姜黄釉的瓷器在窑口上并没有规律性特征，各个时代、不同历史时期的窑场，都有可能少量生产姜黄釉瓷器。

▲图 3-9　姜黄釉瓷器标本　明代

4、从光泽上看。中国古代黄釉瓷器中姜黄釉色光泽上相对属于比较亮的一种，但非常淡雅，柔和，绝没有贼光现象，闪烁着柔媚的非金属油性光泽。

5、从精致程度上看，中国古代黄釉瓷器中姜黄釉色与精致程度有一定的关联，但它们之间的这种关系并非十分紧密，以普通瓷器为主（图 3-10），精致和粗糙的器皿都很少。鉴定时我们要注意分辨。

▲图 3-10　普通姜黄釉瓷器　明代

鳝黄釉

背景信息：中国古代鳝黄釉的瓷器常见，顾名思义，这种釉色就是模仿黄鳝的色彩，墓葬和遗址中都有，以遗址出土量最大，有一定的总量，为中国古代黄釉瓷器釉色中的重要品类之一。鉴定时要注意分辨。

鉴定要点：

1、从色彩上看。鳝黄釉的定位非常明确，就是模仿黄鳝的皮肤色彩。鳝黄釉色彩具有强烈的生命气息，非常具有亲和力，模仿得惟妙惟肖，在色彩上基本可划入单色的范畴，不过渐变的特点也非常明显。

▲图 3-11　鳝黄釉瓷器标本　唐代

2、从时代上看。中国古代鳝黄釉瓷器在时代特征上十分明显，主要出现在黄釉瓷器的初期，以唐五代时期为显著特征，它的出现标志着黄釉瓷器真正意义上的烧制成功（图 3-11）。宋元时期有见，但已不是很多，明清时期特征基本相似。

3、从窑口上看。中国古代鳝黄釉瓷器的窑口上特征明显，寿州窑生产的居多，是寿州窑烧造瓷器中重要的瓷器品类，其他窑口也有，但多是兼烧，并不主烧。

4、从光泽上看。中国古代鳝黄釉瓷器在光泽上精美绝伦，色泽淡雅，滋润，光泽感很强，具有强烈的生命气息。鉴定时应注意分辨。

5、从精致程度上看。精致瓷器中有见，数量很少，主要以普通和粗糙的瓷器居多，不过寿州窑鳝黄釉瓷器显然是黄釉瓷器高超烧造技术的象征。

米黄釉

背景信息：墓葬和遗址中有见，有一定的总量，但显然占据不到主流的地位，为中国古代黄釉瓷器釉色中的重要品类之一。

鉴定要点：

1、从色彩上看。米黄釉的色彩十分明确，也是一种模仿色（图 3-12），模仿的是稻谷成熟时的黄色，色彩均匀，稳定，模仿得惟妙惟肖，属单色的范畴。鉴定时要注意分辨。

▲图 3-12　模仿惟妙惟肖米黄釉瓷器标本　唐代

2、从时代上看。中国古代米黄釉瓷器产生的时代比较早，六朝时期时常有见。“六朝瓷壶，M5：3略带米黄色”（江西省文物考古研究所、南昌市博物馆《南昌火车站东晋墓葬群发掘简报》,《文物》1990年4期）。通过诸多实物来看，六朝时期的米黄釉瓷器显然不太成熟，偏色现象比较严重，真正烧制成功的时代应该是唐代，真正达到鼎盛时期应该是在宋代，所见实物比较多。“宋代瓷盘，96 G C Y 3:76外腹上部施米黄色釉”（四川省文物考古研究所、重庆市文化局三峡办、忠县文物管理所《忠县中坝遗址宋代瓷器窖藏发掘简报》，《四川文物》，2001年第2期）。“宋代瓷托子，96 G C T 4③:14灰褐胎米黄色釉”（四川省文物考古研究所、广元市文物保护管理所《广元市瓷窑铺窑址发掘简报》，《四川文物》，2003年3期）。由此可见，米黄釉色的瓷器在宋代异常繁荣，其他时代也有，但没有宋代那样丰富。

3、从窑口上看。各个窑口都有，在数量上并没有规律性的特征，较具均衡化。

4、从光泽上看。米黄釉瓷器，光泽淡雅柔和、典雅、滋润，在弱光线的照射下闪烁着非金属的油性光泽。

5、从精致程度上看。中国古代米黄釉瓷精致者有见，精致瓷器很少见，以普通和粗糙瓷器为主。

焦黄釉

背景信息：焦黄釉瓷器常见，墓葬和遗址中都有（图 3-13），从 1 到 2 件的情况都有见，有一定的总量规模，为中国古代黄釉瓷器釉色中的重要品类之一。鉴定时要注意分辨。

鉴定要点：

1、从色彩上看。焦黄釉的黄釉瓷器概念十分明晰，类似食物烧焦的黄色，属单色的范畴，这种色彩具有较强的民间生活气息，非常具有亲切感，模仿得惟妙惟肖，这与黄釉瓷器深度民窑的性质是相符的。

▲图 3-13　焦黄釉瓷寿桃　明代

2、从时代上看。各个时代虽然都有（图 3-14），但以唐代最为多见，其他时代数量都非常少。鉴定时要注意分辨。

▲图 3-14　焦黄釉瓷寿桃　明代

3、从窑口上看。中国古代焦黄釉瓷各个窑口都有见，但以唐代肖窑最为常见，主烧焦黄釉瓷器，其他时代的各个窑口虽然有见，产量并不大。

4、从光泽上看。中国古代焦黄釉瓷器光泽相对来讲较亮一些，但依然不失雅致的气质，色泽淡雅，润泽，如涓涓溪流，在阳光的照射下，柔和细腻，散发着非金属的淡雅光泽。

5、从精致程度上看。从实际发掘情况来看，精致者几乎不见，主要以普通和粗糙黄釉瓷器为常见。在市井和平民的家庭中非常流行。鉴定时应注意分辨。

蜡黄釉

背景信息：蜡黄釉瓷器常见，墓葬和遗址内时都有，墓葬出土多为 1 到 2 件，遗址出土数量比较多，个别窑口出土可达数百上千件，有一定的总量，为黄釉瓷器中标志性的色彩之一。

鉴定要点：

1、从色彩上看。黄釉瓷器蜡黄釉在色彩上显属单色范畴，是模仿人们生活当中每日都要使用的蜡烛的色彩，具有浓郁的生活气息。从发掘出土的器物来看，蜡黄釉色彩比较稳定，串色现象有见，但比较微弱，看来古人对于蜡黄釉瓷器烧造技术已经比较娴熟。

▲图 3-15　蜡黄釉瓷器　唐代

2、从时代上看。唐代为最常见（图 3-15），五代时期略逊，但也比较多，其他历史时期比较少见。这一点我们在鉴定时要注意分辨。

3、从窑口上看。主要以唐代寿州窑瓷器为主，是寿州窑黄釉瓷器中较大的品类，在寿州窑瓷器中与鳝鱼黄、黄绿釉等形成三足鼎立的局面。其他窑口瓷器也有见，但所占比例没有这么大，产量很少。

4、从光泽上看。蜡黄釉瓷器色彩略暗，但润泽、柔和，油性光泽比较强，在灯光的照射下闪烁着微弱的光芒，鉴定时我们要注意分辨。

5、从精致程度上看。很少见到过于精致的蜡黄釉瓷器，这与其浓郁的民间窑场性质关系密切，主要以普通和粗糙的瓷器为显著特征。

淡黄釉

背景信息：墓葬和遗址中都有，出土数量基本相似，多为1到2件，数量不大，是黄釉瓷器中的重要的釉色品种之一。

鉴定要点：

1、从色彩上看。中国古代黄釉瓷器中的淡黄釉的色彩比较容易理解，就是比普通的黄釉色彩要淡，近而与稀薄紧密相连，因为如果不是稀薄的釉质是不可能达到淡的，淡黄釉瓷器通透性往往比较好，所以应用范围比较广，不仅一般碗盘等器皿施加淡黄釉，还有一些特殊的瓷器施加淡黄釉色，如一些绞胎瓷器（图3–16）。淡黄釉瓷器在色彩属性上为单色范畴，色彩比较稳定，偶见偏色和串色等现象。

▲图3–16　淡黄釉绞胎瓷器　宋代

2、从时代上看。淡黄釉瓷器时代特征并不鲜明，唐五代、辽、金宋、元等各个历史时期都有见，出现的频率比例基本相当，具有均衡化的特点。鉴定时应注意分辨。

3、从窑口上看。淡黄釉瓷器的窑口特征不是很鲜明，没有任何一个窑口专一烧造，多数为兼烧（图3–17），如安徽寿州窑、肖窑，河南密县窑、郏县窑，山西浑源窑等都有烧造。

4、从光泽上看。中国古代淡黄釉瓷器光泽特征比较明显，由于通透性比较好，所以光泽淡雅，闪烁着非金属柔和的油性光泽。鉴定时要注意分辨。

▲图 3-17　淡黄釉绞胎瓷器　唐代

5、从精致程度上看。精致的瓷器比较少见，以普通和粗糙的瓷器为显著特征（图 3-18）。

▲图 3-18　普通淡黄釉绞胎瓷器　宋代

黄釉泛绿釉

背景信息：墓葬和遗址当中偶然见到，“唐代瓷碗，Y2: 9 施黄釉泛绿”（安阳市文物工作队《安阳市戚家庄隋唐窑址发掘简报》，《华夏考古》，1997 年 3 期）。不是每一座墓葬中都能见到，只是黄釉瓷器色彩品类之一而已。鉴定时要注意分辨。

鉴定要点：

1、从色彩上看。黄釉泛绿釉显然属黄釉瓷器的衍生性色彩，因为它的主色调很明确，还是黄釉（图 3–19）。这种衍生性色彩已经比较稳定。

2、从时代上看。这种衍生色彩是任何一个历史时期的黄釉瓷器上都不可避免的通病，各个历史时期都有，但以初期的唐代为多见。鉴定时要注意分辨。

3、从窑口上看。黄釉泛绿釉的黄釉瓷器在窑口特征没有固定化的特征，各个窑口基本上都有见，如著名的寿州窑和密县窑、郏县窑等都有见，一些乡村土窑也有烧造。

▲图 3–19　黄釉泛绿釉瓷器　唐代

4、从光泽上看，黄釉泛绿釉瓷器光泽比较黯淡，均匀性不是太好，但比较淡雅，闪烁着非金属的柔媚光泽。鉴定时应注意分辨。

5、从精致程度上看。黄釉泛绿釉的瓷器从精致程度上看比较简单，精致瓷器基本不见，以普通和粗糙瓷器为显著特征，粗糙瓷器的数量应占多数。

第四章 窑口

第一节 寿州窑

1、概况。寿州窑最先烧制出成熟的黄釉瓷器，是中国最为著名的烧造黄釉瓷器的窑场之一，也是最早的以烧造黄釉瓷器为主的大型瓷窑场（图 4-1）。不过寿州窑黄釉瓷器虽处盛世，但烧造的却是深度民窑的产品，主要为人们日常生活当中的用具，所以很多黄釉瓷器在工艺上并非精益求精，而带有相当浓郁的民间生活气息。

▲图 4-1　寿州窑黄釉瓷碗标本　唐代

2、数量。寿州窑黄釉瓷器在数量上比较丰富，墓葬和遗址都有见，墓葬多为 1 到 2 件，遗址出土数量比较大，主要以窑址和城址出土为主，有的可达到千件以上，由此可见，寿州窑黄釉瓷器有一定的总量，可以占到整个唐五代时期黄釉瓷器的相当一部分市场份额。鉴定时注意分辨。

3、窑址。寿州窑的窑址在安徽省淮南市上窑镇，窑址绵延几公里长，可见当时寿州窑黄釉瓷器的繁盛之势。目前窑址已经发现，堆积层比较厚，寿州窑址所在地的上窑镇水陆交通方便，产品可以通达全国，这也是寿州窑最终未形成窑系的重要原因。鉴定时注意分辨。

4、时代。寿州窑黄釉瓷器在时代上具有鲜明的特征，它是一个真正唐代的著名窑场，从发掘的情况来看，晚唐五代时期就很难见其踪迹（图 4-2）。鉴定时应注意分辨。

5、精致程度。寿州窑黄釉瓷器并不是很精致，这可能与其民间窑场的性质密切相关，由于是老百姓日常的生活用具，所以并不需要在精致程度上达到一个像官窑的水平。总的来看，精致的唐代寿州窑黄釉瓷器很少见，主要是普通和粗糙的器皿。

▲图 4-2　寿州窑黄釉瓷碗标本　唐代

6、器形。寿州窑黄釉瓷器在器物造型十分丰富，常见的主要有如碗、杯、盘、碟、钵、注子、枕等，可见数量众多(图 4-3)，由此可见寿州窑黄釉瓷器主要是以日常生活中的餐具和寝具为主要特征，其实用的功能十分明显。从绝对数量上看，以黄釉瓷碗的数量为最大。鉴定时应注意分辨。

▲图 4-3　寿州窑黄釉瓷碗　唐代

7、纹饰。寿州窑黄釉瓷器秉承了瓷器传统的不重纹饰的特征，在寿州窑黄釉瓷器之上很少见到纹饰出现，即使有纹饰也都是一些简单的刻划纹。看来寿州窑黄釉瓷器主要突出的是其色调之美，在纹饰上十分黯淡。鉴定时应注意分辨。

8、釉质。寿州窑黄釉瓷器在釉质上不是太好，这与其深度民窑的性质关系密切。由于是人们日常生活用具，在釉质上要求并不高。首先是釉质选料不精，常见有各种不规则的开片，釉层也不均匀，稀薄釉往往在器物下部形成流釉痕迹，虽然有化妆土，但胎釉并未能像想象的那样结合良好，而且发现寿州窑黄釉瓷器釉层有剥离现象。但寿州窑黄釉瓷器釉质并非没有优点，它以釉色取胜，创烧出了鳝鱼黄、蜡黄、黄绿釉等具有代表性的釉色，色彩较为纯正，使人们眼球为之一亮，使单调的传统釉色增添了诸多新意（图 4-4）。

▲图 4-4　寿州窑黄釉瓷瓶　唐代

9、胎质。寿州窑黄釉瓷器的胎质特征比较明确，就是胎质选料不是很精致，高岭土和掺合料都有，在淘洗上未能达到精益求精的程度，所以在胎质常见有杂质，胎色也出现了多样化的趋势，如黄褐色、橙黄、橙红、砖红、土黄等胎色都有，色彩在均匀程度不是很高，通常以局部均匀为多见。当然这与寿州窑黄釉瓷器浓郁的民窑性质有关。正因如此，寿州窑黄釉瓷器在瓷化程度上比较高，胎体致密、坚硬、非常实用。鉴定时注意分辨。

10、影响。寿州窑黄釉瓷器，竭尽心力减少成本，不断在釉色上进行创新，终于实现了在唐代的“通销天下”（图 4-5）。今天在当时比较大的国际性城市扬州城遗址内就出土了很多寿州窑黄釉瓷器，看来是人们日常生活当中的普通用具，不过寿州窑黄釉瓷器的影响多限于下层社会，宫廷和上层社会流行程度不高。

▲图 4-5　寿州窑“通销天下”黄釉瓷器标本　唐代

第二节 景德镇窑

1、概况。明清两代青花瓷的兴起，将从唐代以来一直活跃的民窑黄釉瓷器排挤出主流市场（图4-6）。所谓景德镇窑烧造黄釉瓷器主要以明清两代的御窑场为主，再加之黄色被寓为帝王的象征，在宫廷之中，对于什么样的人使用黄釉瓷器都有严格的规定，如皇太后、皇后、贵妃等使用的黄釉瓷器都有区别，等级森严，不可僭越，更不要说是外人。所以在明清两代真正的黄釉瓷器都是在宫廷内流行，百姓很少使用。在工艺上不计工本，精益求精，几无缺憾，可以说件件都是国之瑰宝，具有浓郁的宫廷文化气息。鉴定时要注意分辨。

▲图4-6 精美绝伦黄釉瓷笔筒 明代

2、数量。景德镇窑黄釉瓷器数量非常之少，墓葬和遗址都有见，墓葬多为1到2件，窑址内出土件数有时可达一个很高的量，但完整器皿很少见，多为一些碎片。城址内出土数量很少见，由此可见，景德镇窑黄釉瓷器在总量上不具规模。鉴定时注意分辨。

3、窑址。明清两代均在景德镇设立御窑场，黄釉瓷器的烧造通常有两种情况，一种是在烧好的白瓷上进行二次上釉，进行烧造；另一种是直接烧造而成。其实清代宫廷内很多黄釉瓷器都是先在景德镇将白瓷烧好，之后运往清宫内的造办处进行二次烧造，这可能是部分景德镇窑黄釉瓷器的特别之处，一件瓷器两地烧造。从窑址上看，为宫廷烧造的黄釉瓷器异常精致，工匠们是极尽心力（图 4-7），稍有不如意的作品，在当时就砸碎掉了，所以才有了今天我们在窑址上看到的众多的瓷片标本。不过这一点也告诉我们，窑址的残瓷虽然也是景德镇窑烧造，但从科学的角度却不能完全替代成品的神韵，这一点在研究、艺术、以及经济价值上都是这样。鉴定时注意分辨。

▲图 4-7　精致黄釉瓷寿桃　明代

4、时代。景德镇窑黄釉瓷器主要以明清两代黄釉瓷器为显著特征，其他历史时期的景德镇窑并不烧造精美绝伦的黄釉瓷器，由此可见，黄釉瓷器的烧造处于景德镇瓷都地位确立之后，加之又是为宫廷烧造御用瓷，所以景德镇黄釉瓷器在工艺上达到了相当高的水平，可以与历史上任何历史时期的精品力作相媲美，是真正意义上的官窑之器，民间很少见，流传到宫廷之外的器皿也很少见。现存的器皿多在北京和台北故宫博物院，国外也散存一些，主要为八国联军进北京时抢走的小物件。鉴定时应注意分辨。

5、精致程度。景德镇窑黄釉瓷器在精致程度上特征十分明显，这与其官窑的性质密切相关，由于是帝王的生活用具，所以必须要在精致程度上达到一个至高的水平。总的来看，普通和粗糙的景德镇窑黄釉瓷器很少见，主要以精致的器皿为显著特征。如弘治时期的“浇黄”，因使用浇釉方法施釉，故而得名。黄釉色彩异常的娇嫩，如鸡油的黄色，导致人们都不知道怎么称呼它好了，一会叫“浇黄”、一会儿又叫“ 娇黄”、一会又称“鸡油黄”等，实际上它们是一种瓷器。可见黄釉瓷器在精致程度上的美不胜收，亦真亦幻，使人犹入幻境。像这样的例子不胜枚举，过多的例子就不再赘述。

6、器形。景德镇窑黄釉瓷器在器物造型十分丰富，常见的器物造型主要有碗、杯、盘、碟、钵、盏、瓶等，但这些器皿出现的频率不同，通常情况下以黄釉瓷碗和盘最为多见，实际上从比例来看，黄釉瓷盘的数量可能还要大于碗，这主要因为黄釉瓷盘比较适合表现出黄釉瓷器的那种娇嫩，与雍容华贵（图 4-8）。从这些器物造型上我们可以看到官窑黄釉瓷器实际上受到民窑的影响还是比较大的，在器物造型上的创新并不是突破性的，而主要是延续，而变化比较大的只是工艺水平上的。这一点我们在鉴定时要注意分辨。

▲图 4-8　青花黄釉瓷碗（外壁）　清代

7、纹饰。景德镇窑黄釉瓷器秉承了传统瓷器不重纹饰的特征，这一点从总量上看表现异常明显。在宫廷黄釉瓷器中有纹者数量很少，基本上为偶见。看来黄釉瓷器是“以釉取胜”。黄釉瓷器有纹者主要集中在黄釉瓷器与其他品种瓷器的结合产品上，如明代青花黄釉、黄釉红彩、紫彩黄釉等彩瓷，纹饰十分精致，线条流畅、刚劲挺拔、构图严谨，讲究对称，精美绝伦。看来景德镇窑一般情况下无纹，但一旦有纹饰，那么在工艺上必是十分精致，多为精绝之作。鉴定时应注意分辨。

8、釉质。景德镇窑黄釉瓷器在釉质上美不胜收，这与其官窑的性质密切相关，釉质沉静典雅、润泽、釉层均匀、开片控制比较好，基本无杂质，对于视觉是一种享受，手感细腻、滋润、光滑，低温釉似有棉感，触及有非常美妙之感，这与其宫廷性质相吻合，主要是为了迎合宫廷之中人们把玩的需要。由此可见，景德镇窑黄釉瓷器在釉质上真的是绝美的作品。但景德镇窑黄釉瓷器依然保留了传统，即以“釉色取胜”的传统，这一点是显而易见的，是帝王的专用色彩，明代以娇嫩的黄色，也就是娇黄釉为显著特征，永乐黄釉传说色淡，传世品很少见；宣德黄釉釉色已是相当娇嫩，以低温黄釉为显著特征；弘治时期烧造成功了著名的“浇黄”釉瓷器，色淡雅，类鸡油，清代在粉彩的基础上在黄釉瓷器中加入了少量玻璃白，色彩更加鲜亮和柔媚，但娇嫩之感略淡，以康、雍、乾三朝黄釉瓷器为最高境界。总之，明清景德镇御窑场黄釉瓷器在釉质上真正是达到了其历史的最鼎盛期（图 4–9），高贵而典雅，在釉色上达到了黄釉色彩烧造的尽头。

9、胎质。景德镇窑黄釉瓷器的胎质特征比较明确，不计工本的烧造，选料精，使用的是最优良的高岭土料，淘洗精，胎质细腻，瓷化程度高，胎体坚硬，厚薄均匀，胎体略厚，胎质匀净，胎色纯正，所追求的是精益求精。器物造型十分规整，几无变形者。偶见有变形器皿，在窑址上就已经被打碎。鉴定时注意分辨。

10、影响。景德镇窑黄釉瓷器的影响十分深远，景德镇窑黄釉瓷器不计工本地生产，不断满足帝王们高水准的要求，追求卓越成为其天性，有的黄釉瓷器一直未能走出宫廷的高墙，注定了其高贵典雅的气质，人们欣赏宫廷内的黄釉瓷器如同在欣赏精美绝伦的艺术品，许多釉色的确达到了人世间最美的色彩，这样的作品最容易触动人的灵魂。所以官窑黄釉瓷器不断地受到人们的青睐，旧时宫廷帝王用具，今日收藏之珍品，被众多的收藏者热捧，所拍卖出的几乎都是天价，这足以证明景德镇黄釉瓷器直至今天依然影响巨大。

▲图 4–9　黄釉瓷寿桃　明代

第五章 造型

第一节 口部

敞口

背景信息：黄釉瓷器敞口是指口部有向外扩张的造型，这类器物造型非常多，墓葬和遗址内都有出土，墓葬多为1到数件，遗址出土数量多，一般的窑址或者城址都能达到数十上百件，上有一定的数量，为黄釉瓷器最主要的口部造型之一。

鉴定要点：

1、从器形上看。敞口的黄釉瓷器在造型上常见，如，碗、盘、碟、壶、盆、钵、瓶、盒、盏等（图5–1），其中以碗的数量最多。鉴定时应注意分辨。

▲图5–1 敞口黄釉瓷碗 明代

2、从衍生造型上看。敞口的黄釉瓷器在造型衍生性很强，常见的主要有大敞口、小敞口、近敞口等，其中口部近敞的情况最为常见。这种口部造型向外扩张并不明显，非常近似敞口的造型，但显然还未达到标准的敞口造型。大敞口和小敞口是一个体积上的概念，其实在造型上并无过于复杂的特征，总的来看黄釉瓷器敞口的造型并不丰富。

3、从功能上看。敞口的黄釉瓷器造型在功能上主要为实用（图 5-2），客观上有利于器皿的散热，在碗、盘等器皿上广泛应用，在瓶、执壶、盏、碟等诸多器皿上也都有使用，但这些器皿装饰的成分有所增加，如一些陈设的黄釉瓷瓶装饰的功能的上升到了一个很重要的地位。

4、从流行程度上看。敞口的黄釉瓷器在流行程度上非常之广，从地域上看“通销全国”，从时代山看贯穿于黄釉瓷器始终，从使用阶层上，宫廷与寻常百姓家中都有见。鉴定时注意分辨。

▲图 5-2　敞口黄釉瓷碗标本　唐代

侈口

背景信息：侈口的黄釉瓷器形制较之敞口向外延伸的更甚（图 5-3），形成了一个外侈的过程，很多口部造型都可以囊括其中，如圆口、不规则口等，墓葬和遗址内都有出土，总量十分丰富，为黄釉瓷器中主流的口部造型之一。

▲图 5-3 侈口黄釉瓷碟 宋代

鉴定要点：

1、从器形上看。黄釉瓷器侈口比较普遍，如灯、壶、碗、枕、碟、炉、水注、盘、瓶、盏、罐等都常见，可见器物造型繁多，实际上黄釉瓷器由于深度民窑的性质，其实任何器皿都有可能是黄釉制品，只不过在出现的频率上有所不同而已，从数量上看主要以碗为最多，波及盘、碟、盏等，其他器皿数量与之相比很少。鉴定时注意分辨。

2、从衍生造型上看。黄釉瓷器侈口的造型具有很强的衍生性特征，常见的衍生造型有大侈口、小侈口、微侈口等（图5-4），看来和青、白瓷等在衍生造型上基本相似。中国古代黄釉瓷器在侈口造型上不断地在尝试，力求找到突破口，但最终由于侈口已经是比较成熟的造型，并未有多大突破。

▲图 5-4 侈口白釉泛黄瓷碗 唐代

3、从功能上看，侈口的黄釉瓷器的主流功能就是实用，是老百姓和宫廷贵族们日常使用的器皿，如，碗、盘等餐具，还有枕头等寝具，以及唾壶等。再者明清时期的官窑黄釉瓷器，特别是低温黄釉瓷器多体现装饰的功能。这一点我们在鉴定时要特别注意。

▲图 5-5 敛口白釉泛黄瓷碗标本 宋代

4、从流行程度上看。侈口的黄釉瓷器的流行程度非常之广阔，唐五代时期就“通销天下”（图5-5），宋元、明清时期更是这样，销售量非常之大，但主流是在民间，明清时期景德镇生产的御用宫廷用黄釉瓷器流行仅限制在上层社会。

敛口

背景信息：敛口黄釉瓷器常见，墓葬和遗址内都有出土，从 1 件到数件不等，有一定的量，形制有一个明显内敛的过程，囊括口部造型众多，如椭圆口、四方口、长方形口、诸多不规则口等，以圆口最常见。鉴定时注意分辨。

鉴定要点：

1、从器形上看。敛口黄釉瓷器在器物造型上没有过于固定化的特征（图 5–6），许多器皿的口部造型都有可能是敛口的，"瓷灯 1 件 M1 ：2，敛口"（临沂市博物馆邱播、苏建军《山东临沂市药材站发现两座唐墓》《考古》，2003 年 9 期）。从发掘中看，像这样的例子很多，如，碗、盘、碟、盏、盒、熏炉、瓶等都比较常见，可见器形十分丰富，从其出现的比例来看，以黄釉瓷器碗为最多，可见黄釉瓷器在日常生活当中是以实用为主要特征的。鉴定时应注意分辨。

▲图 5–6　侈口白釉泛黄瓷碗　唐代

2、从衍生造型上看。敛口黄釉瓷器衍生性十分丰富，基本上是在敛口的基本造型之下多幅度变化的集合体，常见的有如大敛口、小敛口、微敛口等，这些衍生性造型显然不会突破敛口的范畴，这一点无论从视觉上还是从真正尺寸上看都是这样。

3、从功能上看。敛口的黄釉瓷器的功能特征十分明显，主要以实用为主，因为敛口黄釉瓷器最多的就是人们每日都要使用的瓷碗。但其实用与装饰的功能在某些复杂的造型之上，和某些历史时期内的表现也尤为明显，如一些花瓶、瓷尊等造型都有很明显的装饰意味，特别是明清时期宫廷烧造的低温黄釉瓷器，基本上以装饰为最显著特征，实用功能退居到了次要地位（图 5-7），但这些器皿的数量毕竟很少，不能成为敛口黄釉瓷器在造型上的主流。

4、从流行程度上看。敛口黄釉瓷器的流行程度非常之广，这一点十分明确，无论是宫廷显贵，还是平民百姓都在使用，特别是民间大量流行，是老百姓日常生活中经常使用的器皿。

▲图 5-7　实用与装饰的功能结合紧密敛口黄釉瓷罐　唐代

花口

背景信息：花口黄釉瓷器像花儿一样美丽，主要以生活为模本，以莲花、葵花以及各种花瓣等造型为常见，各种花口造型嫣然成为黄釉瓷器最美的符号象征，但数量不是很多，只是黄釉瓷器中有这种造型而已（图 5-8）。鉴定时要注意分辨。

▲图 5-8　美不胜收花口黄釉瓷碟　宋代

鉴定要点：

1、从器形上看。花口的黄釉瓷器的器物造型特征并不明确，可以说任何一种造型都有花形口的可能性，如碗、盘、碟、瓶等，但在这些器形中所占比例都很小。

2、从衍生造型上看。花口黄釉瓷器造型在衍生性上比较丰富，具有无限的衍生性，生活中花卉是无限的，无论是黄釉瓷器还是其他品种的瓷器在花形口的造型必然以绮丽的姿态出现，绽放出最美丽的花朵，如葵花口，可以衍生出六曲、八曲、十曲等，当然也可以是其他的数字，可见其衍生造型的复杂性。鉴定时要注意分辨。

3、从功能上看。花口黄釉瓷器在功能上比较复杂，基本上都是实用与装饰的结合，但优先突出的是其装饰的功能，这一点是显而易见的，因为本身花形的目的就意味着突出美的内涵。无论是民窑生产的花口黄釉瓷器还显官窑生产的宫廷用瓷，只要是花口的造型，其功能都是这样。

4、从流行程度上看。花口黄釉瓷器流行程度非常之广，贯穿于黄釉瓷器的始终，从唐直至明清，在全国范围内出土的花口黄釉瓷器的情况都有，无论是封建帝王还是市井百姓都有可能使用花口的黄釉瓷器（图 5-9）。可见其流行程度之广。鉴定时应注意分辨。

总之，黄釉瓷器的口部造型非常之多，常见的就有数十种，不可能都像以

▲图 5-9　精美绝伦的花口黄釉瓷碟　宋代

上那样详细地分析。其实鉴定的真谛在于灵活运用。下面我们简单介绍一下这些口部造型。

①直口：直口黄釉瓷器常见，从概念上看黄釉瓷器的直口并非笔直的口部，而是一种视觉的盛宴，以视觉为判断标准，从形制上看可以囊括的口部造型有很多，如椭圆口、四方口、长方形口等，上有一定的量。

②子母口：子母口的黄釉瓷器是一个盖盒扣合的过程，分为子口和母口两部分，子母口可以囊括的器物造型很多，如圆口、方形口、长方形口等，以圆口为最常见。鉴定使注意分辨。

③大口：大口的黄釉瓷器常见，墓葬和遗址内都有出土，墓葬多为1到2件，遗址出土数量众多，成百上千件的情况都有（图5-10）。另外，大口是一个有关口部大小概念，以视觉为标准，囊括口部特征甚多，如侈口、敞口、直口、圆口、子母口、椭圆口等。

④小口：小口黄釉瓷器常见，所囊括的造型十分丰富，如椭圆口、四方口、长方形口等，以圆口为最常见。

▲图5-10　精美绝伦花口黄釉瓷碟　宋代

⑤撇口：撇口黄釉瓷器是一个明显有外撇的造型，以视觉为判断标准，所囊括内容十分丰富，如侈口、敞口、小口、大口、圆口、四方口、长方形口等，数量比较丰富，墓葬和遗址内都有，上有一定的量（图5-11）。鉴定时要注意分辨。

⑥盘口：盘口的黄釉瓷器并非真的都像盘子一样，只是一种形似而已，墓葬和遗址内时常有见。“米黄釉暗花瓷瓶 1 件，M3 ： 51，盘口”（南京市博物馆《江苏南京市明黔国公沐昌祚、沐睿墓》《考古》，1999 年 10 期）。像这样具有趣味性的造型在黄釉瓷器中比较常见。鉴定时应注意分辨。

另外，还有喇叭口、管状口、诸多不规则口等造型，我们不再赘述。这些造型都是黄釉瓷器中经常可以看到的，我们在鉴定时要注意分辨。

▲图 5-11　撇口黄釉瓷杯　宋代

第二节 唇部

1、从种类上看。黄釉瓷器唇部特征十分丰富，常见的主要有，圆唇、尖圆唇、卷唇、敛唇、厚唇、薄唇等（图 5-12），可见黄釉瓷器的这些唇部种类与青瓷、黑瓷、白瓷等色釉瓷并没有太大的区别。实际上这是正常的，因为它们有一个共同的特点，都是人们日常生活当中的用具，多数是为实用而设计的。它们并不具备均衡性的特征，而以圆唇、尖圆唇为主要特征，以厚唇为主，薄唇为辅。黄釉瓷器唇部造型的衍生性比较强，每个种类的唇部造型基本上都是一个大的范畴，如圆唇可以衍生出近圆唇、卷圆唇、圆唇外侈、较厚圆唇、较薄圆唇等。看来黄釉瓷器唇部造型是由众多衍生性造型组合在一起形成的，错综复杂，灿若星辰，琳琅满目，判断的标准主要以视觉为主。鉴定时注意分辨。

▲图 5-12　较厚唇黄釉瓷执壶　唐代

2、从数量上看。中国古代黄釉瓷器不仅有繁多的种类，而且有相当大的数量，但它们之间的关系并不均衡，如，尖圆唇的黄釉瓷器在墓葬和遗址中都有见，墓葬多出土 1 到 2 件（图 5-13），遗址中主要以城址为主，出土数量可达数百件之多，尖圆唇的唇部造型有一定的总量，其他的黄釉瓷器唇部造型也是这样，只不过是出土的数量各不相同而已，如折唇、卷唇等出现的就很少。各个时代出现的频率较为均衡。

▲图 5-13　尖唇黄釉瓷碟　宋代

3、从形制上看。黄釉瓷器在形制上比较直观，无论是方唇、圆唇、尖圆唇等在形制上都是以视觉为标准，并不是以尺寸为标准。黄釉瓷器唇部造型在形制上较为成熟，大多唇部造型和衍生性造型在形制上基本上都具有固定化的趋势，模糊不定的情况很少见（图 5-14）。

▲图 5-14　近方唇黄釉瓷碗标本　明代

4、从器形上看。中国古代黄釉瓷器在器物造型的选择上是广泛的，几乎所有的器物造型都有可能涉及不同的唇部造型，它们之间的差异也是明显的，如黄釉瓷碗的唇部在造型上涉及的就比较多，如圆唇、尖圆唇、方唇、近平唇、卷唇、厚薄唇等都有，在数量上以尖圆唇为最多，圆唇次之，而方唇和卷唇的数量非常少，其他器皿也是这样。由此可见，黄釉瓷器器形与唇部造型的选择关系十分密切。

5、从功能上看。黄釉瓷器唇部的功能上特征明确，主要以实用为主（图5-15），装饰的功能居于次要地位。黄釉瓷碗之所以尖圆唇的数量最多，其实就是因为其作为餐具尖圆唇适应了人们口唇的舒适度，可见黄釉瓷器其实用的功能显然是第一位的，但尖圆唇同时也融合了较多的美学元素，之所以要让尖唇与圆唇结合，就是因为要融合圆唇造型的稳重与尖唇的挺拔之美。不同的唇部造型在功能上基本相似，只是装饰功能存在着差异，而且这种差异显然是细微的。鉴定时要注意分辨。

▲图 5-15　窄平唇泛黄釉瓷碗标本　宋代

第三节 沿部

1、从种类上看。中国古代黄釉瓷器的沿部造型种类异常丰富（图5-16），这与其浓郁的民间性质有密切关系，因为是人们日常生活用具，不同用途的器皿可能就会有不同的沿部造型，如黄釉瓷盆的造型可能会是折沿的比较多一些，而尖圆唇可能是碗的造型比较多，总之是不同的器物造型会选择不同的沿部造型种类，常见的沿部造型种类主要有平沿、折沿、敞沿、厚沿、薄沿、花口沿、撇沿等，从发掘情况来看，这些唇部种类分布并不均衡，从时代、窑口以及具体器形上看都是这样。这些唇部基本上都具有较强的衍生性，在其造型之下可以衍生出诸多造型，如黄釉瓷器平沿就可以衍生出近平沿、平折沿、宽平折沿、窄平折沿等，而且这些衍生性造型比较稳定（图5-17），多数较为成熟，显然已经成为一种独立的器物造型。鉴定时应注意分辨。

▲图5-16　卷沿黄釉瓷注　唐代

▲图5-17　平沿外折黄釉瓷盂　宋代

2、从数量上看。黄釉瓷器的数量特征已明朗化了，整体上不存在均衡性，如平沿和花口沿相比，花口沿的数量就少得多，但局部存在，如平沿和近平沿在均衡性上就比较相似，不过从墓葬出土情况来看，黄釉瓷器沿部造型基本上没有哪一种占据绝对主流地位，相比较而言可能厚沿的比例略微突出，从近似性上看，墓葬和窑口出土黄釉瓷器沿部比较相似，特别是同一墓葬和的同一窑口出土的黄釉瓷器更是这样，而在这一点上城址就差一些。从时代上看黄釉瓷器沿部以均衡性为显著特征。

3、从形制上看。没有哪一种沿部造型复杂得让人很难辨识（图 5-18），基本上都是以朴实无华为主，即使花形沿部特征，也都是一些写意的，象征的意味比较浓郁，如平沿、折沿等看起来都比较直观，直接以造型来定名称，以视觉为判断标准，而没有实际意义上的尺寸概念，这一点我们在鉴定时要特别注意。不过从形制上看，这些不同形制的黄釉瓷器沿部在出现的频率上具有一定的差异性。鉴定时应注意分辨。

▲图 5-18　花口沿黄釉瓷碟　宋代

▲图 5-19 实用与装饰并举花口沿黄釉瓷碟 宋代

4、从器形上看。黄釉瓷器沿部在器物造型上非常简单，几乎所有的器物造型都有可能会有不同的沿部造型，如碗、盘、碟、钵、盏、灯等，只是在这些器皿上出现的频率不同，如折沿造型以鼎、瓶、钵、碗、盂等为多见，其他的造型所见较少，花口沿的造型基本上以碗、盘、碟等为主。鉴定时注意分辨。

5、从功能上看。黄釉瓷器沿部的功能特征略显复杂，因其作为人们日常生活当中的实用器，实用与装饰并举（图 5-19），多数造型都突显出了强烈的陈设和观赏的特征，但这种关系主要以不同的器物造型为区分，如盆的折沿显然是实用的，没有平折沿的盆显然功能受限，导致手无法抓握使用瓷盆。不过折沿如果出现在花瓶上，可能功能就不是这样了，而主要趋向陈设观赏，在此其实实用的功能已经降到了最低。

第四节 腹部

1、从种类上看。黄釉瓷器腹部种类纷繁复杂，异常繁多，常见的有弧腹、折腹、深腹、浅腹、直腹、圆腹、曲腹、球形腹、花形腹、敞腹、各种鼓腹和不规则腹部造型等，当然这些腹部造型在出现的比例上并不是 均衡的，主要以鼓腹为主，弧腹、浅腹、深腹等次之，它们之间的数量差距比较大。以上腹部种类显然并不是整个黄釉瓷器腹部种类的终结，因为这些造型都具有很强的衍生性，仅鼓腹所能衍生出来的造型就有微鼓腹、扁鼓腹、大鼓腹、小鼓腹、鼓腹微弧、圆鼓腹以及各种不规则的腹部等（图 5-20），其他腹部造型也是这样，只不过是衍生造型多少不同而已，这样黄釉瓷器腹部就组成了一个蔚为壮观的腹部种类群。而这些腹部之间的关系也较为复杂，存在着相互包容的关系。历史上所见到的腹部造型在黄釉瓷器之上几乎都有表现，这与黄釉瓷器作为人们生活中的日常用具，功能较为繁杂是分不开的。鉴定时应注意分辨。

▲图 5-20　鼓腹黄釉瓷碗　明代

▲图 5-21　折腹黄釉瓷碗　明代

2、从数量上看。中国古代黄釉瓷器腹部的数量特征比较复杂，差异性比较大，而且存在较为均衡的特征，从不同时代、窑口上看基本上都这样，通常以鼓腹为最常见，数量可能要占及总量的一半以上，紧随其后的是弧腹、浅腹、深腹等，而直腹、折腹。出现了数量特征与种类在比例上相似的情况。鉴定时应该注意分辨。

3、从形制上看。黄釉瓷器腹部的形制特征比较直观，并不存在过于复杂的腹部形制，这一点是显而易见的，如鼓腹、弧腹、球形腹、折腹、深腹、浅腹等都是以视觉为判断标准。并不存在尺寸意义上的标准（图 5-21），只要我们的视觉感觉到就可以了，当然这也是所有民窑瓷器的共同特征，形象而生动。从不同的时代和窑口上看也是这样，就连后来明清时期宫廷用黄釉瓷器在腹部形制上也并没有太大的突破，因为对于黄釉瓷器而言其民窑性质真的是太深刻了，所有制作黄釉瓷器的造型几乎都处在其巨大的阴影之下。

4、从器形上看。黄釉瓷器腹部的器形十分复杂，对于黄釉瓷器而言，拥有腹部造型的器皿非常多，如碗、盘、碟、盏、灯、瓶、罐、盆等诸多器皿都拥有明显的腹部造型，一般来讲人们日常生活当中的盛器都会有腹部，只是不同的腹部造型对于器皿的选择却是大为不同，具有较强的差异性，如瓶的腹部造型多以直腹和深腹为显著特征，而碗的造型直腹者就很少，而主要以鼓腹微弧或者是其他造型为显著特征，这些都昭示不同造型的腹部对于器皿的选择，或者也可以说是器皿对于腹部造型的选择（图 5-22）。从时代上看也是这样，各个历史时期并没有规律化的特征。

▲图 5-22　深腹黄釉瓷注　唐代

▲图 5-23　实用的弧腹黄釉瓷碗　明代

5、从功能上看。中国古代黄釉瓷器腹部在功能上比较复杂，首先体现的是其实用的功能，这一点不可置疑，如碗的腹部，微鼓腹、弧鼓腹、弧腹、曲腹、坦腹、斜腹等造型，都是为实用而生，在历史上经过无数次的试验而形成，能够留存下来的造型都是较为合理的造型；其他器皿如果用来分析，显然实用功能都是排在前列（图 5-23），但黄釉瓷器腹部并非完全以实用为主，黄釉瓷器腹部造型多变的目的，实际上就是要在单调的实用功能的基础上再加上一些装饰性的功能，甚至有的时候装饰性的功能还会异常突显，如球形腹碗显然具有实用的功能，但制作如此高难度的碗给人的感觉显然是有以造型为饰，事实上人们来欣赏它也正是因为如此，并非仅具餐具功能。鉴定时应注意分辨。

第五节 底部

1、从种类上看。黄釉瓷器底部在种类上比较简单，主要以平底为主，其他的造型也有，如圜底等，但数量很少，这与黄釉瓷器除了少量的明清时期御用瓷外，大多数自唐初产生时便是作为人们日常生活中的普通用具有关。再加之黄釉瓷器大多数为盛器，如碗、盘、碟、盏、杯等，这也造就了黄釉瓷器在底部特征上主要以平底器为主的局面。

2、从数量上看。中国古代黄釉瓷器底部的数量特征十分明显，平底的造型墓葬和遗址中都有发现（图 5–24），墓葬出土多为 1 到 2 件，遗址出土规模巨大，以窑址和城址出土为主，窑址内出土数量有时可达数千件，如寿州窑黄釉瓷器基本上都是平底器；城址内出土的平底器更为丰富，有时可达上万件的规模，由此可见，平底器在黄釉瓷器底部特征上占据着绝对的统治地位，其他的底部造型，如圜底等造型数量很少，如果与总量相比，几乎可以忽略不计。鉴定时要注意分辨。

▲图 5–24　平底黄釉瓷碗　明代

3、从形制上看。黄釉瓷器的形制特征比较明确，主要以视觉为判断标准，平底的造型很简单，就是看起来平衍的造型，圜底的造型看起来就像是锅底一样的圜形，因此黄釉瓷器底部造型显然就是一场视觉的盛宴。鉴定时应该注意分辨。

▲图 5-25　小平底黄釉瓷灯盏　唐代

4、从器形上看。黄釉瓷器的底部特征十分明确，所涉及的器形十分丰富，常见的主要有碟、坛、碗、盏、盘、罐、瓶、盆、炉等，其底部造型多为平底，但平底在日常生活用具中的具体造型又千差万别（图 5-25）。从时代上看，黄釉瓷器在器形上的这种特征并不明显，在各个历史时期的表现基本相当，如唐宋、元、明清等时期几乎看不出太大的差别。从窑口上看，不同窑口的黄釉瓷器在底部造型的选择上基本相同，并没有规律性的特征。鉴定时要注意分辨。

5、从功能上看。黄釉瓷器底部造型的功能特征比较复杂，主流以实用为主，这与黄釉瓷器为一个深度民窑有着密切的关系，如黄釉瓷碗在底部造型上主要以各种平底为显著特征，其目的显然是为了进食器的需要，装饰的功能居于次要地位。其次是装饰的功能，黄釉瓷器底部特征在实用的基础上，装饰的功能肯定存在，只是程度不太明显而已。黄釉瓷器装饰和实用的功能结合比较紧密的器皿也存在，如一些黄釉瓷炉圜底的造型。黄釉瓷器在底部造型上并未表现出规律的功能性特征，从窑口上看也是这样（图 5–26）。

▲图 5–26　平底黄釉瓷盘标本　明代

第六节 足部

1、从种类上看。黄釉瓷器的足部造型种类特征异常复杂，常见的主要有圈足、饼足、花座足、脊背形足、尖状足、乳足、山字形足、兽足、蹄形足、卧足、小饼足、玉璧足等。这些足部种类显然与青瓷、白瓷、黑瓷等众多传统瓷器的足部特征相似。原因很简单，就是黄釉瓷器同它们一样也是人们生活当中使用的日常用具，而人们在日常生活当中的需要是复杂的，不同的需要可能就会造就不同的器物造型，而这个器物造型涵盖具体的足部造型，在这种情况之下黄釉瓷器拥有了众多的足部造型。当然以上这些足部造型并不是黄釉瓷器足部造型的全部，而是一个总纲，因为在这些造型之下还有众多的衍生性造型，如圈足造型就可以衍生出暗圈足、方圈足、敛圈足、小圈足、斜直圈足、宽圈足、窄圈足、矮圈足、高圈足、假圈足、近饼形足圈足等；其他的足部造型也是这样，都具有很强的衍生性。由此可见，实际上是这些不断衍生的造型共同组成了蔚为壮观的黄釉瓷器足部造型（图 5-27）。从比例上看，不同种类的足部造型出现的频率差异性很大，如花座足出现的频率很小，如果将其纳入整个黄釉瓷器史上看几乎可以忽略不计。有的表现出很强的时代性，如玉璧足的黄釉瓷器可以说是唐五代时期断代的标志，其他历史时期也有发现，但数量很少。鉴定时应注意分辨。

▲图 5-27　饼足黄釉瓷执壶　唐代

2、从数量上看。黄釉瓷器以圈足的数量最大，几乎到整个黄釉瓷器的一半，墓葬和遗址出土的绝大多数黄釉瓷器都是圈足的，由此可见其总量之巨，并非一般足部造型可以比拟。其他的足部造型在总量上都十分有限，饼足可能多一些，但有着很强的时代性，在唐代可能比较常见，其他历史时期比较少见。而花座足、脊背形足、乳足、兽足、蹄形足、卧足、玉璧足、喇叭形足等足部造型（图 5-28），在数量上都不是很多，而且多受到时代和窑口以及器物造型等诸多因素的限制，如乳足多为炉的足部特征，碗使用乳足的情况几乎不见。总之，黄釉瓷器在数量上的特征虽然比较清晰，但十分复杂，我们在鉴定时要注意分辨。

▲图 5-28　喇叭形足黄釉瓷盂　宋代

3、从形制上看。中国古代黄釉瓷器足部在形制上比较复杂，通常以直观视觉为判断标准，如饼足的造型看起来比较形象，就是一个圆饼的造型；花座足、蹄形足、玉璧足等都比较形象，卧足真的就是像躺着一样。绝没有尺寸意义上的标准。从融合性上看，黄釉瓷器足部形制并没有限制其相互之间的融通性，而是既有独立性，又相互融合，如花形足很有可能首先是圈足，兼具圈足和花形足的双重因素，这种例子很多，我们不再赘举。

4、从器形上看，中国古代黄釉瓷器中不同的器物造型会选择相应的足部造型，这一点是无疑的，“适应性”显然是唯一的标准，然而选择的结果却是复杂的，有时令人眼花缭乱，我们来略微梳理一下：在数量上，黄釉瓷器选择最多的无疑是圈足，而圈足中最常见的就是碗、盘、碟、瓶、盆等生活用品，其中尤以黄釉瓷器碗的数量为最，而其他的器形所选择的圈足的情况略逊；除了圈足之外，其他各种足部造型在黄釉瓷器上出现的频率各不相同。圈足各个时代都有见，可以说贯穿于整个黄釉瓷器史；但有的足部造型不是这样，如饼足碗可能只是在唐代较为流行，其他时代偶见。鉴定时应注意分辨。

5、从功能上看，黄釉瓷足部的功能特征十分明确，集实用与装饰于一体，实用功能的黄釉瓷器足部造型如圈足等十分常见，但一般情况下圈足也都会具有一些实用性的特征，只不过是会在实用性更多一些，还是装饰性特征更强一些之间的存在博弈（图 5-29）；鉴定时应注意分辨。

▲图 5-29　实用性较强的矮圈足黄釉瓷盘　明代

第六章 价值判断与收藏保养

背景信息：黄釉瓷器自唐初开始历经千年的悠长岁月长河，成为人们日常生活当中的伴侣，不可或缺。明清时期景德镇官窑烧制出了主要供宫廷使用的精美绝伦的黄釉瓷器，将黄釉瓷器的烧造技术推向巅峰，具有了较高的艺术价值和经济价值。由此可见，黄釉瓷器具有较高的价值，并且其研究价值、艺术价值、经济价值，互为评判的基础，相互支撑，密不可分（图 6-1）。鉴定时注意分辨。

▲图 6-1　精美绝伦黄釉瓷器标本　唐代

鉴定要点：

高岭土胎

黄釉瓷器具有无与伦比的研究价值，因其是人们日常生活当中的用具，反映的是人们日常生活当中的点点滴滴，涉及千万百姓家庭的生活。其釉质在唐代寿州窑时期异常活跃，成功地烧造出了模仿黄鳝的色彩鳝鱼黄，以及模仿人们在日常生活当中最常用的蜡黄釉等，这些色彩来源于生活，但又高于生活，反映出黄釉瓷器在激烈的市场竞争中求变，显现出当时人们追求真、善、美的精神境界。这本身其实就是一种研究价值。另外，在色彩学上蜡黄釉及青黄、淡黄、鳝黄等色彩都给予了现代人深刻的启迪，给出了人们究竟需要什么样的色彩，什么样的色彩才是人们的最爱的问题，而这些问题的解决可以直接应用到现代工业之上，因为色彩的调试是极为复杂的事情，而有些黄釉瓷器在釉色上显然是经过数万次的经验积累、和数个时代才烧制成功的，经历了实践的检验，证明了其是最容易和人们达成共鸣的色彩，而这些色彩就是现代色彩学要借鉴的东西（图 6-2）。事实上目前有很多工业，如汽车、印刷等诸多行业对其都有应用，看来其对于人工色彩的认识都具有重要研究价值。另外，对于黄釉瓷器釉质、胎质、造型等诸多特征的研究，都可以得出诸多的鉴定要点，作为我们对于黄釉瓷器断时代、辨真伪、评价值的重要依据。从数量上看，黄釉瓷器在历史上作为人们日常生活用品，是不同时代每一个人都在使用着的产品，所以在总量上特别大，而量变最终会达到质变，通过成千上万件器物的研究，以及每件器物上百处的要点特征分析，这对于认识黄釉瓷器，了解黄釉瓷器的历史，以及通过这些点来还原与黄釉瓷器时代有关的政治、经济、文化等历史具有重要意义。总之，黄釉瓷器的研究对于诸多学科的研究都具有直接的价值，如历史学、考古、文物学、美学、色彩学、人类学、博物馆学、材料学等。

▲图 6-2　精美绝伦黄釉瓷器　唐代

艺术价值

黄釉瓷器在艺术上成就极高，是一种与民窑有着深刻渊源关系的艺术，这种艺术的精神内涵十分深远，它也许没有汝窑的极尽奢华，不计工本，毫无缺憾之美（图6-3），但它是另外一种美，它的美在于它的内涵，因为它在极量节约成本，所以它并不追求毫无缺憾，而是异军突起，唯举釉色，将釉色做成人们最为舒心的艺术，因此这种艺术可以说是大众的艺术，单就釉色上的水平而言，可以说黄釉瓷器不亚于任何一个宫廷瓷器的水平，因此说，黄釉瓷器在艺术价值上最大的成就其实是体现了艺术“博爱”的思想，惠及大众。当然，黄釉瓷器在艺术上的成就还在于明清时期的官窑，这些黄釉瓷器在用料上十分讲究，在工艺上精益求精，一丝不苟，不留缺憾，多数为精绝之器，达到了相当高的艺术成就，这是一种震人心魄的美。不过这种黄釉瓷器的数量非常少。下面我们具体来看一下：

▲图 6-3　毫无缺憾之美的黄釉瓷罐　唐代

1、造型。黄釉瓷器主要是人们生活当中的实用器皿，没有复杂的造型，其艺术价值所讲究的主要是一种简洁之美，一种使人心旷神怡的淡定（图 6–4）。多数黄釉瓷器造型规整、胎体坚硬、弧度流畅、转折自然，极为讲究造型与实用功能融为一体之美，如“黄釉双系罐 1 件 M ： 12，器形、胎釉与 M ： 11 基本相同。肩部堆贴对称双股直系”（郑东《福建厦门市下忠唐墓的清理》《考古》，2002 年 9 期）。实际上多数黄釉瓷器都是如同这件双系罐一样，讲究简洁实用，简单的装饰，一切都是非常自然。从时代上看，这一特征基本上贯穿于黄釉瓷器的始终；从窑口上看也是这样，没有规律性的特征。明清时期官窑黄釉瓷器也是这样，同样是以简洁之美来赢得人们的青睐。鉴定时应注意分辨。

2、釉质。黄釉瓷器以“釉质取胜”，这一点不可置疑，可以说主流的黄釉瓷器由于民间窑场的性质，在选料上不可能做到最优质，淘洗上虽然较为精炼，但不可能做到精益求精，这些特征都是显而易见的。黄釉瓷器尤其重视釉质，但黄釉瓷器同样由于民窑性质的限制，不可

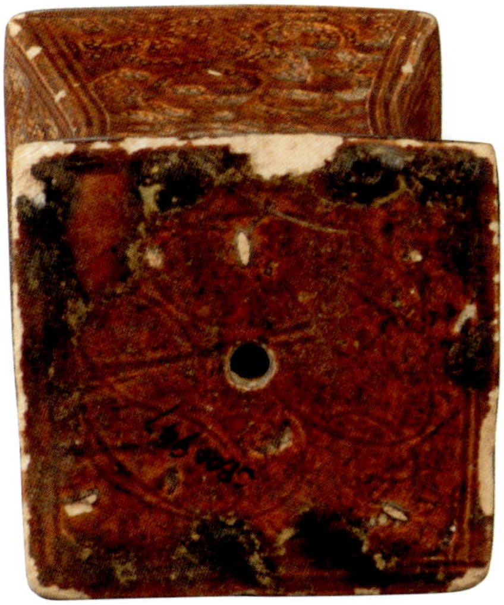

▲图 6–4　简洁之美黄釉瓷枕　宋代

能在釉质上做到极致，而将其制胜的所有希望都凝结到其釉色之上，以“釉色取胜”，许多釉色如鳝鱼黄、蜡黄等釉色的烧造都达到了烧造的尽头，成就极高，模仿得惟妙惟肖，给人以强烈的视觉冲击力，可见黄釉瓷器在釉质上的成就，令人叹为观止。当然黄釉瓷器模仿生活中的色彩绝对不是一两种，而是数量相当丰富，如唐代肖窑模仿的焦黄釉，烧焦的锅巴的味道似乎是扑面而来，给人以无限生活的联想，从而使黄釉瓷器升华为艺术之美，并以此来调动人们的视觉、味觉等诸多感觉，点缀了人们枯燥的生活，给人以美好未来的憧憬。明清时

期宫廷使用的黄釉瓷器，不仅仅实现了在釉色上的成功，而且成功地实现了在釉质选料、淘洗等诸多要素的上精细化过程，从而烧造出了艺术价值极高的宫中精品，可以说件件价值连城。唯一的缺陷是数量太少，与整个黄釉瓷器的总量相比，几乎可以忽略不计。

3、纹饰。黄釉瓷器不是以纹饰取胜，这一点从其数量上就可以看得出来，除了一些极少数的黄釉瓷漆之上有纹饰之外，多数光素无纹，这一点从墓葬和遗址内出土的情况可以看得很清楚，有时遗址内出土几千件的黄釉瓷器有纹者寥寥无几（图 6-5），而且有纹者多数是官窑之器，在官窑瓷器之上的偶见有纹饰者，如各种各样的龙纹，还有就是官窑惯用的在青花纹饰之外以黄釉为质地的品种瓷，以花果为常见，如荔枝、枇杷、榴花、葡萄、牡丹花等刻画精细，线条细腻、流畅、刚劲、挺拔、笔力苍劲，构图讲究，处处彰显出皇家气派，反映出的往往是不同历史时期最高的纹饰绘画技法和水平，件件堪称国之瑰宝，其艺术价值不可低估。唯一的缺陷就是这些黄釉瓷器上的纹饰，所反映的主要是一些宫廷文化，民间的信息很少。

▲图 6-5　纹饰清晰黄釉瓷盘　明代

经济价值

黄釉瓷器的经济价值特征比较明显，一是民窑产黄釉瓷器。二是官窑产黄釉瓷器。它们之间在经济价值上的差距很大，如果用价格来表现可谓天壤之别。民窑黄釉瓷器经济价值较低，从寿州窑黄釉瓷器开始直至明清时期的土窑所烧造的大量日用瓷，由于成本等条件的限制，在用料、淘洗、釉料、化妆土等特征上都不是很好，导致其外表看起来并不华美，如釉质不均、胎体略厚、造型单一、流釉痕迹严重等一系列现象，有时还会产生胎釉剥离等缺陷，人们对于其印象不佳，多数藏家不是很青睐，所以其经济价值多体现在研究这之上，其艺术观赏价值一般非专业人士并不认可，由此导致了其在价格上的失衡。而官窑黄釉瓷器与民窑刚好相反，烧造不计工本，使用上最好的高岭土，淘洗精益求精，几无缺憾，高温黄釉温度非常之高，低

▲图 6-6　精美绝伦黄釉瓷寿桃　明代

温黄釉温度控制得非常得体（图 6-6），烧造出了著名的鸡油黄釉，也就是人们常说的“娇黄”釉，釉质细腻、滋润、匀净、通体闪烁着雅致的非金属油性光泽，美不胜收。其华美的外表赢得了大多数人的青睐，再加之官窑瓷器本身数量比较少，这更加刺激了收藏者对于其收藏的欲望，使官窑黄釉瓷器在价格上不断攀高，所创下的多数都是天价。在鉴定时我们要注意官窑和民窑黄釉瓷器在经济价值上的这两种极端。下面我们来具体看一下：

1、品相。黄釉瓷器品相基本上分为两个极端，一是官窑；二是民窑。这两个极端界限分明，官窑瓷器在品相上比较好，几乎没有粗略之器；而民窑黄釉瓷器在品相上好的很少。

2、稀缺性。黄釉瓷器遵守“物以稀为贵”的基本价值规律，大量的民窑黄釉瓷器，如寿州窑黄釉瓷器具有相当的研究和艺术价值，但由于在当时是人们日常生活当中实用器，数量较多，目前在市场上的价格偏低。而官窑黄釉瓷器在数量上非常少，在明清两代黄色被喻为帝王的象征，真正的黄色只能是帝王和嫔妃使用，在数量上与整个黄釉瓷器相比真是少到了极点，这样“物以稀为贵”的原则也就发挥到了极点，只要是宫廷御用黄釉瓷器，其价格就如同坐上了过山车，一浪高过一浪，拍卖所创下的基本上都是天价。这样拍卖的例子很多，查一下拍卖成交价就可以了，这里不再赘述。

3、精致程度。中国古代黄釉瓷器在精致程度上可以划分为精致、普通、粗糙三个等级，而且这三级界限十分明确，以民间窑场和官窑来区分，民窑黄釉瓷器中存在两个等级，第一是普通；第二是粗糙。基本上不存在精致瓷器的可能性，这是由其民窑的性质所决定的。而官窑黄釉瓷器中的特征显然也是明确的，主要以精致瓷器为主，基本上不存在普通，特别是粗糙黄釉瓷器的可能性，这由其官窑的性质所决定。鉴定时我们要注意分辨。从数量上看，普通和粗糙的瓷器占据绝对统治地位，精致的瓷器数量很少，这也使精致瓷器在经济价值上占尽了天时、地利、人和，所以其拍卖价格往往都是天价。而普通瓷器在价格上落差就很大了，适合初级收藏者收藏。在收藏时我们要注意分辨。

▲图 6-7　残件黄釉瓷器标本　明代

4、残件。黄釉瓷器在漫长的历史长河中经历了太多的磨难，留存到今天的黄釉瓷器残件很多（图 6-7），民窑黄釉瓷器中残件数量最多，远远超过其完整器皿的数量，而且多数碎为碎片，成为无法复原的器皿，其经济价值大打折扣，有许多甚至形成了有价无市的局面。官窑黄釉瓷器在这方面要好得多，虽然残缺的也有很多，但残件的数量基本上与完整器至少是对等的格局，原因很明了，就是明清时期官窑黄釉瓷器主要以传世品为主，由于在当时就比较名贵，所以人们在使用和收藏时都比较小心，所以完整器皿保存下来的很多。不过一旦残缺官窑黄釉瓷器多是比较严重，多为碎片，即使是碎片价格也非常之高，其根本原因还是官窑黄釉瓷器太少了，“一片难求”。不过目前有很多黄釉瓷器残片都是伪品，我们在收藏时要特别注意，先辨明真伪。

收藏保养

黄釉瓷器的收藏保养是一个比较沉重的话题（图 6-8），因为它有一个矛盾，官窑黄釉瓷器的保养一般问题不大，由于过于贵重，多数藏家都会咨询专家，或者请专家定期为其进行保养，再加之官窑黄釉瓷器在烧造上技术含量本身比较高，时代又短，所以客观上出问题的可能性比较小。但民窑黄釉瓷器在保养上显然是一个矛盾，民窑黄釉瓷器自唐代开始烧造至今已经有千年的岁月，再加之黄釉瓷器在选料及烧造上多有问题，所以很有可能会产生胎釉剥离等现象，需要进行最妥善的保护，但矛盾就在于这些藏品的经济价值不是很高，有时保护的费用可能要比其本身的价格高得多，所以在这种情况之下，民窑黄釉瓷器的保养就成了一个社会责任的问题，不过绝大多数藏家都是由于喜欢才购买的，所以有的时候他们并不计较金钱上的得失，花费了很多的精力来保护这些民窑产黄釉瓷器，使这些经历了千年之久的黄釉瓷器能够继续留存。不过随着盛世收藏深度发展，当官窑黄釉瓷器被藏家收藏完毕之后，民窑黄釉瓷器的升值空间就会被无限放大，对这些民窑黄釉瓷器的保护一定是值得的。下面具体来看一下：

▲图 6-8　完好无损的黄釉瓷寿桃　明代

1、防止磕碰。黄釉瓷器历经千年，其胎体坚硬，硬度大，但脆性也大，最怕的就是磕碰，所以藏家在接触这些黄釉瓷器时一定要轻拿轻放，切勿粗鲁，以免造成遗憾。另外不要随意触摸黄釉瓷器，在接触黄釉瓷器之前要有正式的预案，如在博物馆中很多藏品放在库房或者展柜当中数年都不会移动，这其实是对它最好的保护。这一点我们在收藏时一定要注意。

2、注意清洗。清洗似乎是收藏到黄釉瓷器之后的第一步，人们一般认为这些黄釉瓷器之上有一些细菌、土蚀等需要清洗，这也符合人们的卫生习惯的，但不要随意清洗，事先要做好预案，对文物进行分析后进行，要先观察看其表面是否有胎釉剥离的迹象，是否要清洗，或者找专业文物修复人员进行清洗，不然会对文物造成伤害。如果观察发现保存得比较好，在有把握的前提下将其放入无菌的纯净水中清洗，千万不要放入自来水中清洗，那样可能造成化学反应，或者给瓷器表面带来细菌，使古瓷釉面受到伤害。清洗之后用酒精棉球擦干净，一些未剔除干净的土蚀，可使用牛角刀试探性剔除，如果不容易剔除，就要找专业修复文物人士进行处理，千万不械强剔除，以免伤及釉面。

3、擦拭浮尘。黄釉瓷器表面的浮尘是不可避免的，一般情况下我们最好是密闭保存，这样可以最大限度地减少浮尘的影响，但如果要放置在室内，用于陈设和观赏也可以，擦拭时不要使用抹布，这种方法很容易伤害釉面。一般用鸡毛掸子轻弹就可以了。这一点收藏时要特别注意。

4、相对湿度。黄釉瓷器与传统的青瓷、白瓷、青花瓷等在相对湿度上基本上相当，通常应控制在 50% 左右（图 6-9）。如果相对湿度过大，危险性很高，可能会造成一些水分进入胎釉剥离的瓷器内部，这会造成进一步的釉层脱落；再者如果是修复过的或者是胎体曾经受过伤的器皿，相对湿度过大，水就会顺着裂缝流入胎内，一旦外界温度下降到零度时，这些水就会结成冰，从而产生巨大的张力，最终导致黄釉瓷器破碎。

5、温度。黄釉瓷器对温度要求很高，不论是宫廷瓷器还是民窑瓷器都是这样，宫廷瓷器过于珍贵，所以相对温度必须控制好；民窑黄釉瓷器由于距离现在时间过于久远，在很多方面都很脆弱，如果相对温度控制不

▲图 6-9　黄釉瓷器　唐代

好，也会出现比较严重的后果。所以一般情况下黄釉瓷器的保存温度不超过 45 摄氏度，最高也不要超出 55 摄氏度，不然一些潜在的危险很难控制。

黄釉瓷器收藏保养比较复杂，以上所述仅供参考。总之收藏者对于黄釉瓷器的保养要重视，不要使这些精美绝伦的黄釉瓷器受损，而要让这些历久犹新的黄釉瓷器继续穿越时空（图 6-10），供人所欣赏。

▲图 6-10　黄釉瓷碟　宋代

主要参考文献：

1、[唐] 陆羽著 . 茶经。

2、安阳市文物工作队《安阳市戚家庄隋唐窑址发掘简报》，《华夏考古》，1997 年 3 期。

3、郑州市文物考古研究所、巩义市文物保护管理所《巩义铝厂唐墓发掘简报》，《中原文物》，2004 年 4 期。

4、青阳县文物管理所黄忠学《安徽青阳县发现一座南唐砖室墓》《考古》，1999 年 6 期。

5、繁昌县文物管理所汪发志《安徽繁昌县闸口村发现一座唐墓》《考古》，2003 年 2 期。

6、平泉县博物馆刘子龙、平泉师范学校王烨《河北平泉县博物馆藏辽代鸡冠壶》《考古》，1998 年 6 期。

7、江西省文物考古研究所、南昌市博物馆《南昌火车站东晋墓葬群发掘简报》，《文物》1990 年 4 期。

8、四川省文物考古研究所、重庆市文化局三峡办、忠县文物管理所《忠县中坝遗址宋代瓷器窖藏发掘简报》，《四川文物》，2001 年第 2 期。

9、四川省文物考古研究所、广元市文物保护管理所《广元市瓷窑铺窑址发掘简报》，《四川文物》，2003 年 3 期。

10、临沂市博物馆邱播、苏建军《山东临沂市药材站发现两座唐墓》《考古》，2003 年 9 期。

11、南京市博物馆《江苏南京市明黔国公沐昌祚、沐睿墓》《考古》，1999 年 10 期。

12、郑东《福建厦门市下忠唐墓的清理》《考古》，2002 年 9 期。